からごころ

日本精神の逆説

長谷川三千子

中央公論新社

目次

からごころ——日本精神の逆説

まえがき

何故かうも「日本的なもの」は気を滅入らせるのであらうか？　どうして自分は、生まれ故郷である「日本」といふ国にいつまでたつても馴染めないのであらうか？——不安、と言へるほどのはつきりとしたものではない。ただ、何とも整理のつかぬ、心の底の残り滓《かす》とでも言ふべき、かすかな居心地の悪さ——その中から、私の問ひは始まつてゐる。

たとへば、佐伯祐三といふ画家がゐる。ほとんどパリの街角の風景ばかりを画いて、若くして亡くなつた人である。

その佐伯祐三が、ほんの一年余り帰朝した間の作品がいくつかある。「下落合風景」

その他いづれも近所の町並を画いたものであるが、そのいくつかの絵の印象は、ただ「痛ましい」の一言につきる。或る人は、日本の風景は油絵には合はない――殊に佐伯祐三のやうに量感のある油絵には合はないのだと言ひ、或る人は、もう少し描くモチーフを考へ直せばよかつたのではないかと言ふ。しかし、そんな枝葉のことではなくて、画家はただもう、日本の風景を目の前にして気が滅入つてしまつてゐるのである。

あの、パリの街角を描く画面から漂ひ出てゐた一種の旋律のやうなものはあとかたもなく消え失せ、色はくすみ、線はにごつてゐる。

「あかん。ぼくは日本では描けん」

といふ画家の声だけが、画面からぼそぼそと伝はつてくる。そして私には、その気鬱が、わがことのやうに感じられるのである。

再びパリに渡つてからは、そこで亡くなるまでの佐伯祐三の絵は、「下落合風景」と、はつきりとした対照を見せる。ちやうど、蘇生した人の顔に表情の甦るごとくに、画面に表情が甦る。以前の滞在中の絵には、まだかすかな断片として漂つてゐたにすぎなかつた或る一つの旋律が、益々くつきりと冴え、つひには溢れ出すかと思はれる。

それを評して、或る人は、「祐三氏の絵は外人が巴里に感心した絵ではなく、日本人が巴里に驚いた表現である」と語つたといふ。

「巴里に驚いた表現」といふこの評は、半ばはあたつてゐるとも言へる。巴里には、見る者の心をふるはせる何かがある。斜めに陽を受けた古壁の一つ、空を切り抜く屋根の線の一つにも、音に聞こえぬ旋律があり、心に張りめぐらされたうすい膜に響いてそれを震動させる。それは「驚き」にとてもよく似てゐる。しかし決して、新奇なもの、珍しいものへの驚きではない。むしろ、その心の震へは、人々が郷愁《ノスタルジイ》と呼ぶものにこそ、もつとも近い。

佐伯氏の描くパリのカフェは、我々の心に驚きを伝へるのではない。それは、我々の心を郷愁《ノスタルジイ》にふるへさせるのである。そしてその郷愁は、我々の生まれ育つた地に向けられるのではない。まだ見たことのない都への郷愁である。

さうかと思へばまた、我々の心を襲ふ、あのホーム・シックといふものがある。はじめてヨーロッパを訪れた日本人が、異国の景色に、なかば酔つたやうにしてはじめの一ヶ月をすごした後に、突然、ちやうど風邪でも引くやうにしてかかるのが、ホーム・シックである。

日本が懐しい訳ではない。米のごはんやみそ汁が恋しい訳でもない。相変らず、歌謡曲など聞きたくもない。ただ、白いちぎれ雲のうかんだ英国の秋空を見上げて、これが東京の空までつながつてゐる、と思ふとたんに、自分の意志とは全く何のかかはりもなく、涙が汗のやうに流れ出してくる。それがホーム・シックである。そして、ホーム・シックにかかつた者は、自分の身体《からだ》にそんな得体の知れない根とも尻尾ともつかぬもののつながつてゐたのを、ただ驚きの目で見おろすばかりである。

そして、また、あの怒りといふものがある。

「だからやつぱり日本人はダメだ」

何につけても繰り返される、このリフレインのごとき決まり文句を耳にするたびに、鬱勃《うつぼつ》とわきのぼつてくる反抗と憤りの感情。それは、自らの行く手に、乗り越えやうのない鉄柵を立てられてしまつたといふ、やり場のない怒りである。

「お前はダメだ」と言はれたのならば、ただ頑張ればよい。ダメだと言はれた自分を脱して、ダメでない自分になるためにこそ、さういふ叱責はある。けれども、この「だからやつぱり日本人はダメだ」といふ一言は、すべてのさうした頑張りの行く手を閉ざしてしまふ。日本人であるお前は、どこをどうあがいても、ダメなのだからダメなのだ――すべての可能性の上に、あらかじめ黒々と罰点をひいたこの不条理な宣告は、蹴破ることもできず、引裂くこともできず、ただ目の前に立ちはだかるのである。

実は、さう宣告してゐるのが他ならぬ日本人達ではないか、と気付いたのは、よほど後になつてからのことであつた。気付いてみれば、腹を立てたことさへもが阿呆らしい。藁人形を相手に歯ぎしりをしてゐたやうなものである。

しかし同時に、それは新しい謎の始まりでもあつた。それでは、いつたい何故、日本人は自分達自身のことを「だからやつぱりダメだ」と言つたりするのだらうか？それは、ただの自嘲でもなければ、ひそかな自惚《うぬぼ》れを隠すためのへり下りでもない。そのどちらでもない、何か全く独特の自己認識がその奥にひそんでゐる。いつたいそれは何なのだらうか？　そもそも、自分を含めて、日本人といふものは、どこがどうなつてゐるのだらうか？

その謎のまはりを、犬のやうにうろうろと嗅いで回つた足跡が、ここに収めた五編の小論である。題材も文体もてんでに様々ながら、「日本人であること」の謎に引寄せられて書かれたものであるといふ点に於いては、どれもが同じことを書いてゐると も言へる。

もつとも、「やまとごころと『細雪』」や「黒い雨」では、謎はまだ本当に「謎」にはなつてゐない。かなたに、かすかに、ほんのちらりと謎めいたものの見えるのみである。

一方、「大東亜戦争『否定』論」や「『国際社会』の国際化のために」は、一種の応用編とも言ふべきものであつて、その謎それ自体よりも、その謎の置かれた位置を明らかにすることに重点が置かれてゐる。もちろん、だからと言つて、「応用編」は大して重要でない、といふことではない。或る意味では、謎の置かれた位置を明らかにすることは、謎そのものを解くことに等しいとも言へるのである。

しかし、何と言つても、この謎に一番正面からあひ対してゐるのは「からごころ」である。

「日本的なもの」をどこまでも追求してゆかうとすると、もう少しで追ひつめる、といふ瞬間、ふつとすべてが消えてしまふ。我々本来の在り方を損ふ不純物をあくまでも取り除き、純粋な「日本人であること」を発掘しようと掘り下げてゐて、ふと気が付くと、「日本人であること」は、その取り除いたゴミの山の方にうもれてゐる――至る処で繰り返されるさうした逆転それ自体に注目すること。それを教へてくれたのは、この「からごころ」といふ言葉である。それまでは、ただの濃密な「謎の気配」でしかなかつたものが、この言葉によつて、にはかに形をなし、動き始めたのである。われわれ日本人の内には、確かに、何か必然的に我々本来の在り方を見失はせる機構、といつたものがある。本居宣長はそれを「からごころ」と呼んだ。

おそらく、「日本人であること」の探究とは、その機構の究明に他ならないのではないか。すべての「学際的研究」も、祖先捜しも、他文化との比較も、その機構の解明なしには、ただむなしくぐるぐると、逆説の円環の外をへめぐるだけで、まさにそれ自体が答へなのだ、といふことに気付かぬまま終ることになる――この言葉を借りて本書全体の表題としたのも、そこにこめられたものの重要さの故である。

かつて私は、自分が「日本人であること」に対して天邪鬼《あまのじやく》なのだと思つてゐた。ところが実は、「日本人であること」それ自体が、ひとつの逆説《パラドクス》なのである。日本人は、日本人なるが故に「だからやつぱり日本人はダメだ」と言ひ、「国際化」を叫び、「一億総懺悔」する。

しかし、さういふ逆説《パラドクス》を背負つた日本人達が、自らのおぞましさに身の毛がよだちながらも、「すべてはよし」と言ふことが出来るとしたら、それはいつたいどうやつて可能であるのか？　我々が、それでもなほ、日本人として生きてゆくことができるのはどうしてなのか？——この本の中では、その問ひについては、まだ何も語られてゐない。おそらくは何が最も重要な答へとなるであらうか、といふことも、ほのめかされてすらゐない。いつか、それについて語るべき時も来るかと思ふ。ここではただ、それのいまだ語られてゐないことを心に留めて読んでいただければ幸ひである。

昭和六十一年春

著　者

からごころ

日本人であること

おしなべて世の人の心の地、みなから意なるがゆゑに、それをはなれて、さとることの、いとかたきぞかし——玉勝間

「日本人である」といふことほど日本人の目に付きにくい事実はない。もつと正確に言へば、我々自身がどれほど広く深くこの事実に支へられてゐるか、といふ事実ほど見えにくいものはない。「日本人であること」は日本人の目から用心深く隠されてゐる

る。それの隠されてゐることすら気付かれぬほど用心深く隠されてゐるのである。

世の中で「日本論」などといふものが流行りになることも、少しもその隠れ家をおびやかすものではない。むしろ、さういふものが流行りになるほど、人々は「日本人である」といふことを、大学の教授が「シムポジウム」とかいふところで論じる、自分達とは無縁の、唯《ただ》いささかの好奇心をさそふ話題の一つ、と心得て安心するのである。そして、前と少しの変りもなく、この「日本人であること」といふ大地の上を、無雑作に歩き回りつづける――しかし中には、偶々《たまたま》、この事実に真正面から出喰はしてしまふやうな人がゐる。たとへば、本居宣長がその一人である。

往々にして言はれる本居宣長といふ人物の「解り難《にく》さ」は、彼が「日本人であること」に気付いてしまつてゐた、といふところにある。みなが自明のこととして、あらためて問ふこともしない事柄を、執拗に問題にし、追ひつづけるといふその態度は、「戦後の風潮」にそまつた人々に違和感を抱かせるばかりではない。同時代の人々にも、やはり疎々《うとうと》しいものであつたらしいのである。

宣長が還暦を迎へて画いたと言はれる自画自讃に、「しき嶋のやまとごゝろを人とはゞ朝日ににほふ山ざくら花」といふ有名なうたがあるが、それを当時の論敵上田秋成はから評する。

やまとだましひと云ふことを、とかくにいふよ。どこの国でも、其国のたましひが、国の臭気也。おのれが像の上に、書きしとぞ。敷島のやまと心の道とへば朝日にてらすやまざくら花、とはいかに〳〵。おのが像の上には、尊大のおや玉也。

ここにあるのは、何か理窟を述べたてての反論といつたものではない。――「やまとだましひ」といふやうなことも、ただの新学説として称へてみるといふことならば、随分がまんをして是非を論じもしよう。しかし、それを、こともあらうに自画像の上に書いてしまふといふ、その感覚がどうにも理解を絶する、神経にさはる――秋成の言葉の端々から伝はつてくるのは、そもそもかういふものを画く宣長といふ人への、如何ともし難い違和感である。良い悪いの問題ではない、良い悪いが問題になるべき共通の地盤がこの人との間にはない、といふ予感である。これを一言で言へば、秋成は宣長の内に「異邦人」を見たのである。

また、現代の或る人は、宣長をどう思ふかと聞かれて「ぼくは宣長が生きていたら、あいつと酒を飲みたいとは思わない」と言ふ。(注1)かういふ何でもない言ひ方によつて、人々は宣長といふ人物についての最も重要な認識——あれは「ヘンな日本人」や——を語つてゐるのである。

折口信夫の逆説

この重大な認識に較べれば、本居宣長が歴史学者であつたか、言語学者であつたか、古典学者であつたか、言辞学者《フイロロジスト》であつたか、文芸批評家であつたか、又一流のそれであつたか否か、といつた類のことは、まづはどうでもよいことである。日本人でありながら、「日本人であること」といふ問題を発見してしまつた人、そしてそのことによつて自らは日本の内からはみ出してしまつた人——これが本居宣長なのである。但し、日本中が、例外的に、本居宣長を理解することができた時代といふものはあつた。

たとへば昭和十八年春、折口信夫氏は、国学院の新入生達を前に「只今は、国学といふ学問の為には幸福な時代になつてゐますが」といふ言葉で講演を始めてゐる。「国学者の昔から持つてゐた理想を、世の中全体が持つやうになつた」とそこで氏は語つてゐる（注2）。

　この昭和十八年といふ年を思ひ返してみるに、すでに前年末、第三次ソロモン海戦に大敗した日本海軍は、南東方面の制空、制海権を全く失つてゐる。補給を断たれたガダルカナル島の日本軍は、二万余人の戦死者、餓死者を残して、同年二月、島を撤退してゐる。山本長官は四月に戦死し、アッツ島守備隊は五月に玉砕する。言つてみれば、これは、日本といふ国が現実に滅びるかも知れない危機に立たされてをり、その危機が、すべての人の肌に感じられるものとなつてゐた時代であつた。その危機の認識が、常にはあり得ないやうな仕方で、「日本人であること」をすべての人の目に見えるものにしてゐたのである。それはもう「自明の事実」ではなくて、失ふかも知れないものであり、失ふかも知れないとなつてはじめてその貴重な値打の知られるやうになつたものであつた。

　戦後、折口氏のこの講演の言葉尻をとらへて、そんな時代を自らにとつての「幸福な時代」とするやうな学問は、二度とこの世に甦らせるわけにはゆかぬと息巻く人々がゐる。しかし、さういふ人々は、それを語つた時の、折口氏の言葉の内に響く逆説――実は「日本人であること」そのものの内にひそむ逆説――を少しも聞き取つてゐないのである。

「何時でも、国学が認められる時には世の中の不幸の時が多い」と氏は言ふ。さういふ「世の中の不幸の時」をあへて「幸福」と呼ぶときの、その「幸福」とはどういふことかと言へば、

この幸福が考へ方で、深い我々の心の底から悲しい、激しい憤りの上に立つた幸福である。だから、此時代を過してはならない。

――此の今の時代は、日本にとつて、あつてはならない非常時である。しかるに、その「あつてはならない非常時」にしてはじめて「国学」は国民に理解されるものとなる。国民による、国民のための、国民の学問などといふ平べつたいものではない。「国学」といふものは、さういふ苛酷で過激なものである。諸君はさういふ酷さ、厳しさに耐へるだけの用意があるか――この言葉は、さう語つてゐる。おそらく折口氏

は当時すでに、この未曾有の危機が去れば、忽ちみな国学のことなど忘れ去るばかりか、かへつて忌《い》み誘《そし》るであらうことも見通してゐたであらう。非常時は「非＝常時」である。所詮、非常時にしか見えぬものは、常時にもどれば見えなくなるのが当然であつて、ここにかうして集つてゐる若者の内いつたい何人が、今見えてゐるものを見続けることができるだらうか——心の内にさう呟きながら、折口氏はこの言葉を語つたことであらう。

非常時に、一瞬ちらりと垣間《かいま》見えたといふことは、むしろ、その後いつそう本居宣長といふものの姿を見えにくくしたと言へる。非常時が去るのと同時に、「日本人であること」の問題——少なくともその最も深刻な部分——は過ぎ去つてしまつた、と世の中では思ふやうになつたのである。いま世に流行りの「日本論」が、いづれも何処か呑気な隠居仕事の趣きをもつのも、その内の最も深刻な部分——我々の生命《いのち》をかけた部分——は終つてしまつたといふ認識が、人々の心の底にあるからである。

しかし、それは本当に終つてしまつたのだらうか。もしも、「日本人であること」が常に我々の脚下にあつて我々を支へて来たその事実に正しく気付くならば、それが「始まつた」り「終つた」りする類の問題でないことは、おのづと明らかである。そして、その脚下の事実に目をそむけて生きるか否かは、言つてみれば人ひとりひとりの生き方の問題なのである。

けれども、ここに一つの難しい逆説がある。誰か或る人が、自分は「日本人であること」といふこの根本の事実にしつかりと目をすゑて生きよう、と決意する。と、まさにその決意そのものによつて、その人は知らぬ間に「日本人であること」から逸脱してしまふのである。その決意が固ければ固いほど、又、その人の「日本人であること」の見つめ方が鋭ければ鋭いほど、その人自身は「日本人」の内からはみ出してしまふ。本居宣長におこつたのも、さういふ出来事であつた。では、どうしてそんなことになつてしまふのか。我々がただ脚下の事実に注目するといふことが、何故それほど難しいことなのか。それを知る一番の道は、自らその逸脱の道を歩んでみせた宣長のあとを辿ることであらう。そしてその軌跡をしつかりと辿り眺める内に、其処から、何故その「逆説」が生ずるのかも見えてくる筈である。

「漢意」と本居宣長

かうして宣長をいはば我々の水先案内人として立てるとき、まづ人が第一に注目するのは、彼の言ふ「やまとだましひ」「やまとごゝろ」「古意《いにしへごゝろ》」といつたものであらう。ここにこそ、宣長が日本文化をいかに理解し、その真髄をいかなるものと考へたかが示されてゐる、と誰しもが考へるであらう。ところが、ことはそんなに単純ではないのである。そもそも何で我々は「古意」「やまとごゝろ」などといふことを言はなければならないのか？　何故そんな風に自分達のあるべき姿をあとから、苦心して学び直さなければならないのか。何故我々は、それ程までに自らを失つてしまつたのか――その「何故」を問ふことなく、ただ闇雲に「古意」などを学んでみたところで、それは又、ふたたび同じ道を通つて失はれてゆくしかない。我々が、ほとんど必然的に我々自身の在り方を失つてゆく機構《メカニスム》それ自体を見ないかぎり、我々が本来の我々になるといふことは不可能である。そして我々が我々自身を失つてゆくその機構を、宣長は「漢意《からごゝろ》」と呼ぶのである。

（いま我々は、我々自身を失つてしまつてゐる。何とかして我々自身を取戻さねばならぬ。）

宣長の言葉を何処でどう輪切りにしても、その切り口は必ずから叫んでゐる。宣長の言ふ「漢意」は、単なる「やまとごゝろ」の対概念でもなければ、まして朱子学への感情的な反撥などといつたものではない。それは、避け難い目前の事実として、宣長が最初にぶつかつたものであり、また、乗り越えなければならない事実として一生戦つたその相手である。「古意」も「もののあはれ」も、みなこの「漢意」から出発し、それを撥条《ばね》として、その向う側につき抜けることではじめて得られたのである。

一言で言へば、本居宣長の考への核心は「漢意」にある。宣長を水先案内人とたのむならば、聞くべきは「やまとごゝろ」についての彼の所説ではなく、「漢意」について語る言葉の中にのぞく、鋭い洞察と分析なのである。

宣長が「漢意」について直接、間接に語つた言葉は数知れずあるが、その中でもつともまとまつた形をなしてゐるのは「玉勝間」の㈠の「からごゝろ」と題する一条であらう。

いまここに、その全文を引いてみる。

漢意《カラゴコロ》とは、漢国のふりを好み、かの国をたふとぶのみをいふにあらず、大かた世の人の、万の事の善悪是非《ヨサアシサ》を論ひ、物の理《リ》をさだめいふたぐひ、すべてみな漢籍《カラブミ》の趣なるをいふ也、さるはからぶみをよみたる人のみ、然るにはあらず、書といふ物一つも見たることなき者までも、同じこと也、そもからぶみをよまぬ人は、さる心にはあるまじきわざなれども、何わざも漢国をよしとして、かれをまねぶ世のならひ、千年にもあまりぬれば、おのづからその意《ココロ》世ノ中にゆきわたりて、人の心の底にそみつきて、つねの地となれる故に、我はからごゝろもたらずと思ひ、これはから意にあらず、当然理《シカアルベキコトワリ》也と思ふことも、なほ漢意をはなれがたきならひぞかし、そも〳〵人の心は、皇国も外つ国も、ことなることなく、善悪是非《ヨサアシサ》に二つなければ、別《コト》に漢意といふこと、あるべくもあらずと思ふは、一わたりさることのやうなれど、然思ふもやがてからごゝろなれば、とにかくに此意は、のぞこりがたき物になむ有ける、人の心の、いづれの国もことなることなきは、本のまごゝろこそあれ、からぶみにいへるおもむきは、皆かの国人のこちたきさかしら心もて、いつはりかざりたる事のみ多ければ、真《マ》心にあらず、かれが是《ヨシ》とする事、実の是《ヨキ》にはあらず、非《アシ》とすること、まことの非《アシキ》にあらざるたぐひもおほかれば、善悪是非《ヨサアシサ》に二つなしともいふべからず、又当然之理《シカアルベキコトワリ》とおもひとりたるすぢも、漢意の当然之理にこそあれ、実の当然之理にはあらざること多し、大かたこれらの事、古き書の趣をよくえて、漢意といふ物をさとりぬれば、おのづからいとよく分るゝを、おしなべて世の人の心の地、みなから意なるがゆゑに、それをはなれて、さとることの、いとかたきぞかし。(注3)

漢意の問題は、一言で言へば「文化」の問題である。いまの我々の「文化」などといふしまりの無い言葉の代りに、宣長は「心」と言ひ「意《ココロ》」と言ふ。すなはち、どの民族にも、その民族にとつてもつともふさはしい、自然な心のはたらかせ方がある筈だ——このことが、この一条を貫く宣長の基本的な考へであり、この一条のすべての言葉は、この基本の考へから発せられてゐると言つてよい。

その基本にてらしてまはりを眺めると、宣長の目にうつるのは、「倒錯」としか言ひやうのない、同時代人のさまである。

「漢国のふりを好み、かの国をたふとぶ」といつた、意識的な中国びいきは、まだしも救ひがある。その人自身、自分の中国びいきであることを心得てゐるからである。しかし問題となるのは、直接に四書五経を読むでもなく、漢詩をたしなむでもない多くの人々の、自らはそれと気付かず「中国流」になつてしまつてゐることである。それも「善悪是非」の判断といつた、人間としてもつとも基本的な心の働かせ方をするときに、すでに「中国流」になつてしまつてゐることである。それが「人の心の底にそみつきて、つねの地と」なつてしまつてゐるといふことは、言ひかへれば、自分達の文化そのものが侵略されてしまつてゐることに他ならない。しかもその実情に対して、人々は「我はからごゝろもたらずと思ひ、これはから意にあらず、当然理《シカアルベキコトワリ》也」と言つて澄ましてゐる――かういふ事態の全体を指して宣長は「漢意」と言ふのである。

それでは、さういふ「文化的倒錯」は何故おこるのか？「何わざも漢国をよしとして、かれをまねぶ世のならひ、千年にもあまりぬれば」といふ、よく我々も耳にする説明は、ここではほんの枕詞でしかない。本当の禍根は、一種の「普遍主義」にある、と宣長は分析する。

「そも〱人の心は、皇国も外つ国も、ことなることなく、善悪是非《ヨサアシサ》に二つなければ、別《コト》に漢意といふこと、あるべくもあらずと思ふは、一わたりさることのやうなれど、然思ふもやがてからごゝろなれば、とにかくに此意は、のぞこりがたき物になむ有ける」といふこの一節は、今の世にも変りなき「漢意」の本質をこの上なくはつきりと露き出してゐると言へる。元来が「これは人類普遍の原理である」といふ言ひ方は、或る一つの文化が他の文化に、自分達のものの見方を押しつけようとするときの決り文句であるが、それを日本人達は疑はぬばかりか、自らの言葉として繰り返してゐる。これこそが「漢意」といふ名の文化的倒錯の構造である、と宣長は見抜いてゐるのである。

この迷妄を醒ましうるのは、「善悪是非《ヨサアシサ》に二つなしともいふべからず」といふ、文化相対論へと人の目を開くことである。この一条の後半は、もつぱらその啓蒙と説得に費やされることになる。

「そも〱人の心は、皇国も外つ国も、ことなることなく、善悪是非に二つなければ、」――と、たしかにかういふ言ひ方はもつともらしく聞こえる、と宣長はみとめる。しかし、たとへば、誰にも目は二つ、鼻は一つ、口は一つ付いてゐるからとて、それで皆の顔立ちが同じであるといふことにはならないのと同じく、どの国の人にも

「本のまご丶ろ」があるからといつて、その心の働かせ方までが同じであることにはならない。文化の違ひとは、その「働かせ方」の違ひのことであり、その違ひによつて様々の「当然之理」が生まれ、「善悪是非」が異つてくるのである。

　そして、さうやつて、心の働かせ方に違ひのあることが解れば、それでは自分にとつてはどんな働かせ方が正統的であるのか、といふことが問題になる。甲の文化に生まれ育つた者が、無理やりに乙の文化の仕方で心を働かせようとすれば、不自然なことにならざるを得ない。ここで宣長が「実の是《ヨキ》にはあらず」「まことの非《アシキ》にあらざる」と言つてゐるのは、いづれも、さういふ不自然な仕方で考へられ、判断された是非、といふことである。これは、いはゆる国粋主義でも何でもない。宣長が読者として語りかけてゐる人々、すなはち日本人にとつて、どんな考へ方がもつとも正統的か、を語つてゐるだけなのである。

　要するに難しいことではない。自らの依つて立つ所を見極め、彼の依つて立つ所を見極めること。それさへ出来れば、或る一つの文化の産物にすぎないものを、人類普遍の原理と思ひ誤ることもなく、また他人の文化と自らの文化を取り違へるやうな倒錯もなくなる筈である。ところがさうはゆかないところに日本文化の独特の事情があり、又、宣長の悩みもある。

「大かたこれらの事、古き書の趣をよくえて、漢意といふ物をさとりぬれば、おのづからいとよく分るゝを、おしなべて世の人の心の地、みなから意なるがゆゑに、それをはなれて、さとることの、いとかたきぞかし。」

この「いとかたきぞかし」の一言には、永年に渡る宣長のもどかしい思ひが嘆息とともにこめられてゐる。漢意といふものを、ただ、「これは漢意だ」と知るといふだけのことが、日本人にとつてはどうしてかくも難しいのか。実際、それを知ることができれば、漢意はもはや漢意でなくなるのである。それを各人が「漢意」と喝破する途端に霧散する――漢意とはさういふものなのである。それなのに、たつたそれだけのことを、どうして日本人は出来ないでゐるのか？

小林秀雄の「宣長」論

実は、これこそが宣長の我々に残していつた宿題である。「いとかたきぞかし」と言つて宣長は口をつぐむ。しかし、その余白に響くのは、それでは何故漢意といふものはかくも執拗に我々につきまとつて離れないのであらうか？　といふ疑問符である。漢意といふものは、そもそも我々にとつて一体何なのだらうか？――この宣長の残していつた宿題を、それと認める人はほとんど居ない。それどころか、漢意といふ問題に目をとめようとする人さへ、極く僅かである。その中で、唯ひとり、この漢意を正面から問題として取り上げ、しかもその内に、「自ら解かねばならぬ宿題」を見ようとした人がゐる。小林秀雄氏がその人である。『本居宣長』と、それにつづいて刊行された『本居宣長補記』といふ二冊の本のそれぞれで、小林氏はこの「からごゝろ」の一条を取り上げ、論じてゐる。そして、一種独特の仕方で、ここに隠された問題をさぐり当て、つかみ出すのである。

もともと、小林氏のこの二冊の著作は、他のさまざまの本居宣長研究の書とは趣を異にしてゐる。

宣長の述作から、私は宣長の思想の形体、或は構造を抽き出さうとは思はない。実際に存在したのは、自分はこのやうに考へるといふ、宣長の肉声だけである。出来るだけ、これに添つて書かうと思ふから、引用文も多くなると思ふ。

と言ふ小林氏がこころざしたのは、ただ、本居宣長を、出来るかぎりこまやかに、なぞつて繰り返さうといふことであつた。

このやり方を見て嘲笑《わら》ふ人もある。今日の学者や批評家は、「まなぶ」といふことがもともと「なぞつて繰り返す」ことであつたのを忘れてゐて、それを何かひどく単純でつまらぬことのやうに思ふのである。しかし、「なぞつて繰り返す」といふことは、本来、ただ複写機《コピー》のボタンを押して紙の出て来るのを待つやうなことではない。「解釈」といふことの内にすでにひそむ我執を、洗つて洗つて洗ひつくして、自分が何の変哲もないただの板切れ一枚になつたとき、突如それを共鳴板として「宣長の肉声」が響き出す――さうなつたときがおそらく、小林秀雄氏の『本居宣長』を書き始めたときであつたらう。

「出来るだけ、これに添つて書かうと思ふ」といふ、一見つつましい言ひ方の内には、むしろ、その「添つて書く」といふことがやうやく出来るやうになつたといふ、自信と喜びがこめられてゐる。

さういふ仕方で書かれたこの『本居宣長』は、いはば、著者自身の先に立つて歩いてゐる。何故かういふ道筋で歩いてゐるのか、著者自身にも定かでない、といつた風のことがあり、時折、本人にも思ひがけなかつたに違ひないところで、はたと足が止まる。

さきにあげた「からごゝろ」の一条を小林氏が取り上げるのも、ちやうどそんな風にしてである。氏はこの一条の全文を、まづ『本居宣長』で引用してゐる。

宣長が、「古事記」と取結んだ、親身な緊張した人間的関係の只中《ただなか》で、「漢ごゝろ」といふ言葉を生き生きと発言してゐる、その事が、まことによく感じられる文を、幸ひ、彼は遺してゐるので、全文を引いて置く。

と、ここでは、確信に満ちた口調で引用してゐる。「全文を引いて置く」といふ一語にも、いま自分がこれと同じ問題について書けと言はれたら、おそらく一語一句同じことを書くほかないであらう。言ふべきことをいふだけ言ひ切つた文章であつて、要約も抜萃も不可能な一文であるから、引くならば全文を引くより他ない、といはんばかりの自信がうかがへる。

ところが、その後の『補記』でもう一度全文を引いたあとでは、小林氏は次のやうに言ふのである。

一読したところでは、まことに曖昧で、要するに何が言ひたいのかと問ひたくなるやうな印象を、先づ大概の読者は拭へまいと思ふ。

いつたい著者はどうしてしまつたのか？　といふのが、これを読んだ者の最初の印象であらう。目の前に林檎を置いてこれは林檎だと言つてゐるやうなこの「からごゝろ」の一条の、何処をどう読めば「曖昧」などといふ印象が出てくるのか。前の『本居宣長』ではすつかり見えてゐた筈のことが、どうして急に見えなくなつてしまつたのか、と首をかしげたくなるに違ひない。

しかし実は『本居宣長』でこの同じ一条を引用したときには、小林氏は、まだ本当にはそこにある問題に直面してゐた訳ではなかつたのである。たとへば、この一条を引くにあたつての説明は次のやうに語られてゐる。

……宣長は、一切の言挙を捨てゝ、直ちに「古事記」といふ「物」に推参し、これに化するといふ道を行つた。其処で、骨格に「御国ごゝろ」といふ肉附けが、おのづから行はれたといふ事が、彼の学問を決定したのであつた。その為に、理を教への条件とするといふ、徂徠が極力反対した考への方は、「異国のさだ」となり、「漢ごゝろ」となつたわけだ。

ここには、いかにも小林氏らしいものの言ひ方はあるが、言はれてゐることは、いはゆる通説を一歩も出てゐない。ここでは、まだ小林氏は自分の頭を使つて考へ始めてゐないのである。ここで小林氏の注意を引いたのは、おそらく、この一条の「生き生きとした発言」ぶりそのものだつたのであらう。その発言の内容《なかみ》の云々よりも先に、かういふ語り方をしてゐて、そこで何か大切なことを言つてゐない筈がない、といふ嗅覚が働いたのである。

けれども、その全文を引用するにあたつて、一応の理窟をつけてみると、どうも余りにも通りいつぺんの理窟でしかない。小林氏自身、もしも「からごゝろ」がその程度のことしか語つてゐないのであれば、いくらそれが「生き生き」とした発言であつたにしても、その全文を引用するほどのことはなかつた、と気付いたことであらう。それに気付いた著者は、「しかし、論を急ぐまい」と言つて自ら中途でうち切つてしまふ。そして『本居宣長』に於いては、この問題は再びとり上げられることがなかつたのである。

しかし、その「宿題」は忘れられたのではなかつた。むしろ、表立つてとり上げないでゐる内に、この問題は、小林氏の内で、その本来の大きさにふくれ上つてゐたに違ひない。そして、再び、今度は自分の目でこの一条を読み直したときの著者の第一の印象が「曖昧」だつたのである。

この「曖昧」の印象は、決して著者が逃げ腰や及び腰でこの一条に向つたことを示すものではない。それどころか、むしろ真正面からまともに向き合つたことを示すものと言へる。

人が何かそれまで思つてもみなかつた考へに出会つたとき、その第一の反応は、ふつう想像されるやうな驚愕、衝撃《シヨツク》といつたものではない。(この人はいつたい何が言ひたいのか?)といふ漠とした戸惑ひこそが、新しいものへの本当の第一の反応である。小林氏が宣長から受けたこの「曖昧」の印象は、まさに、其処で小林氏がこの一人の未知の人物にはじめて出会つたことを示すものなのである。

著者は、「曖昧」の印象を、敢へて克服しようとはしない。むしろ、曖昧の印象を曖昧のままに保つことに努力してゐるやうにさへ見える。（ここには、これまで自分達が考へようとしなかつた問題がある。目を向けようともしなかつた問題がある）と呟きつづけてゐるごとくである。

ちやうど、自分の視力の限界を悟つた者が、徒らに眼鏡に頼ることを止めて、自らの指先でものの形を探ることに専念するやうに、さうやつて鋭敏に触覚をはたらかせつづけたあげく、突然、著者は問題の核心をさぐり当て、つかみ出すのである。

私達は、漢字漢文を訓読といふ放れわざで受け止め、鋭敏執拗な長い戦ひの末、遂にこれを自国語のうちに消化して了つた。漢字漢文に対し、このやうな事を行つた国民は、何処にもなかつた。この全く独特な、異様と言つていゝ言語経験が、私達の文化の基底に存し、文化の性質を根本から規定してゐたといふ事を、宣長ほど鋭敏に洞察してゐた学者は、他に誰もゐなかつたのである。

ここに、「からごゝろ」で宣長が我々に遺した宿題を解くべき糸口がある。ここに指摘された「言語経験」こそは、漢意といふ現象の全体を支へてゐる事実である。すなはち、それは、我々の読むこと書くことそれ自体が、「中国の文字」によつて行はれてゐるといふ事実なのである。

すでに小林氏は『本居宣長』の巻中に、漢字漢文の訓読の問題を取り上げ、詳しく論じてゐる。しかし、『補記』のなかで、かうして「からごゝろ」の一条と結び合はされることによつて、それが本当に問題の核心である所以《ゆえん》が示されることになつたと言へよう。

「大御国にもと文字はなかりしかば、上ッ代の古事《フルコト》どもも何も、直《タダ》に人の口《クチ》に言ヒ伝へ、耳に聴《キキ》伝はり来ぬるを、やゝ後に、外国《トツクニ》より書籍《フミ》と云フ物渡リ参来《マキキ》て、其を此間《ココ》の言もて読ミならひ、その義理《ココロ》をもわきまへさとりてぞ、其ノ文字を用ひ、その書籍《フミ》の語《コトバ》を借《カリ》て、此間《ココ》の事をも書記《カキシル》すことにはなりぬる」

といふ宣長の言葉を引いて、小林氏は、

誰もこの歴史事実を知識としては知つてゐるが、「書籍《フミ》と云フ物渡リ参来て」幾百年の間、何とかして漢字で日本語を表現しようとした上代日本人の努力、悪戦苦闘と言つていゝやうな経験を想ひ描かうとはしない。

と嘆いてゐる。

「これを想ひ描くといふ事が、宣長にとつては、『古事記伝』を書くといふその事であつた」と言ふ小林氏自身にとつても、それを想ひ描くことが宣長を理解することであり、「宣長の肉声を聴く」ことであつた。そして更には、それを懸命に想ひ描くことの内から、「日本人であること」の底にひそむ、おそらくは宣長も、小林氏自身も想像しなかつたであらうやうな或る形がたち現はれてくることになるのである。

　小林氏は、まづ、上代日本人のこの努力の出発点である「訓読」に注目し、それを「放れ業」と呼ぶのであるが、この呼び方には、ただの修辞《レトリック》といふ以上の意味がこめられてゐる。訓読について考へることの第一歩は、まづ、それが我々にとつて極く自然な、お馴染のものであることを忘れることである。さうして、生まれて初めて訓読といふものを知つた人の目で眺めれば、これはまさに「放れ業」と呼ぶ他ないものなのである。といふのも、いまだ訓読といふことを知らぬ人の目には、漢文は「中国語」として読むより他ないものだからである。

人々が話し、語る、中国語といふ言語がまづあつて、それが漢字、漢文で書き表はされるやうになつてきたのであるといふ、このあたり前の事実を思ひ出せば、漢文を「中国語」として読むより他ないと見るのは、きはめて自然のことである。また実際、大部分の人々はさう見てゐたのである。

当時の中国周辺を見回してみるに、文字を持たないのは日本ばかりではなかつた。ほとんどの民族が、漢字に接してはじめて文字といふものを知つたのである。そして、漢字は中国語の文字であり、漢文は中国語であるといふ当然の事実に従つて、大部分の民族が、そのはじめて「渡参来た漢籍《フミ》」を、中国語として読んでゐた。おそらく、それ以外の受け入れ方は想像することも出来なかつたことであらう。

ところが、さうやってごく自然に、「漢籍」を中国語として受け入れた結果は、一つの重大な問題を生じる。すなはち、それは一国の内に「もう一つの言語」を許し容れることとなり、それによつてその国が二重言語国家《バイリンガル》となつてしまふ、といふ問題である。それも、ただ、甲の言語を話す民族と乙の言語を話す民族が寄り集つて出来上つたといふ、平等の二重言語国家ではない。書字を持つ言語とさうでない言語とが一国の内に共存すれば、国を動かし治めるのに使はれるやうになるのは、当然書字をもつ言語の方であつて、其処に住むほとんどの人々にとつては「外国語」でしかない言語が、その国の中枢を握るといふことになつてしまふのである。

それを、ひとりの人間について言へば、日常の何でもない会話ならば母国語ですまされるけれども、何か少しまとまつたことを喋り、頭を使つた結果を話さうとすると、もう母国語が間に合はなくなる。自分でも知らぬ間に外国語に切り替へてゐる、といふ状態が生じる。

これがいかに屈辱的なことであり、いかにその国の文化を損ふものであるかは、我々のやうに恵まれた歴史を生きてきた者には、想像を絶するものであると言へよう。とにもかくにも未だ書字を持たぬ国に於いて、はじめて出会つた外国語の文字を、その外国語のままに読み書きするといふことは、非常に危険なことなのである。

かと言つてまた、さういふ危険を嫌つて、漢字漢文を徹底的に拒絶する、といふやうなことが仮りに出来たとしても、それは一層惨めな結果を招くだけであつたに違ひない。当時、中国から四方八方へと流れ出していつた漢字漢文といふものは、「異言語による支配」といふ恐しい危険をはらんでゐるのと同時に、一方では、豊かな情報と、人々の脳髄の働きを活発にさせる、新しい刺激とに満ちたものでもあつた。独りだけ漢字に門戸を閉ざすといふやうなことをした国は、まづは確実に、文化の栄養不良ともいふべきものに陥つたに違ひなく、まはりの国々から置きざりにされて、いづれは他国《よそ》から滅ぼされるか、自ら滅ぶかする運命をたどつたことであらう。

したがつて、漢字漢文を前にした中国周辺の民族は、まさに進むもならず、退くもならずといふ苦境《ディレンマ》に立たされることになつたのである。

この苦境が、真正面からのありきたりの仕方で切り抜けられるものでないことは、一目瞭然であらう。それを切り抜けるには、まさに「放れ業」が必要だつたのである。

訓読の放れ業

その「放れ業」は、したがつて、或る意味では常識はづれの、不自然なものとならざるを得ない。そこでの「不自然」を、小林氏は次のやうな言ひ方で指摘する。

書物が訓読されたとは、尋常な意味合では、音読も黙読もされなかつたといふ意味だ。原文の持つ音声なぞ、初めから問題ではなかつたからだ。

厳密に言へば、これは必ずしも事実の通りではない。訓読の中にも、一句ごとのいはゆる「音読み」が混つてゐることはよく知られてゐる。それがそのまま下つて、現在も、漢字の読み方に「訓読み」と「音読み」の二通りあることも、周知のごとくである。しかし、その事実を認めた上で、尚かつかういふ言ひ方は許される。といふのも、訓読の内には、さうした一句二句の音読みなどすつぽりと呑み込んでしまふやうな、はるかに根本的で強力な「音声の無視」が支配してゐるからである。

たとへば、訓読では、原文の一字一字の音を原語通りに発音しないといふだけではない。読むにあたつて、文字列がその語順によつて表はし、かつ従つてゐる統辞法を尻目に、別の規則に従つて行間を行きつもどりつする、といふことが行はれる。これは、そもそも始めから「原文の持つ音声」を無視してゐなければ出来ないことであり、また、「原文の持つ音声」の側から見れば、破壊的とも言ふべき読み方である。

ためしにDig the grave and let me lie. といふ英詩の一行を訓読式に読んでみるならば、The grave ヲ dig シテ me ヲ lie let ヨ といふことになる。これは「鎮魂歌《レクイエム》」といふ詩からの一行であるが、原文に見られた、あのはつきりとした、重々しいリズムが、この訓読の内には跡かたもない。「鎮魂」どころか、死人が墓の中で耳を塞ぎさうな、無惨な音の破壊ぶりである。そして我々は、「漢詩」なるものを読むとき、この通りの仕方で読んできたのである。

或る言語の音声を、「その言語の音声として」受け取るといふことは、それを、その言語に固有のリズム、固有の音のうねりの中で受け取ることでなければならない。そこから切り離され、断片として取り出された音は、もはやもとの言語の音としての力を失つてしまふ。ちやうど「天ぷら」や「しやぼん」のやうに、しまひにはもとの国籍も解らぬやうになつて、新しい言語の音の流れの内に呑み込まれてゆくのである。訓読の内に混つた「音読み」も、同じ運命をたどつて日本語の音の内に吸収されていつたと考へられる。そのあり様を全体として眺め渡してみれば、まさに小林氏の言ふ通り「原文の持つ音声なぞ、初めから問題ではなかつた」といふ他ないのである。

たしかに漢字といふ文字では、アルファベット文字に較べて、一字一字の、音を指示する強制力は弱い。たとへば、発音の大きく異る北京語と広東語がほぼ同じ一つの表記でまかなへるのも、そのおかげと言へる。しかし、それはあくまでも、強制力が弱い、といふだけのことであつて、音声が無視されてよいといふことではない。

漢字が、いはゆる「表意文字」であると言つても、それは決して意味だけを表はすといふことではないので、一字一字が必ず何らかの音声を表はすといふ限りに於いては、アルファベット文字に劣らぬ「表音文字」である。その上で、意味も同時に表はす、といふことが、漢字の「表意文字」であるといふことの正確な意味合ひなのである。

したがつて、「原文の持つ音声なぞ、初めから問題ではは」ないといふ漢文の読み方は、漢文本来のもつ自然に反した読み方であり、どう見ても「正統的」な読み方ではない。

「これは、外国語の自然な受入れ方とは言へまいし、勿論、まともな外国語の学習でもない。」

と小林秀雄氏は言ふのであるが、それどころではない。我々の祖先は、そもそも漢文を、「言語」をあらはすものと見てゐなかつたのである。

何と見てゐたのかと言へば、純粋の「視覚情報システム」と見たのである。

其処での漢字は、もはや「中国語」といふ生きた言語の組織の一部として、音と意味とを同時に表はすものではなく、その視覚形態から直接に一定の意味を伝達すべき、単なる一情報単位となる。但し、その各情報単位の内容を、それの並んだ通りに羅列しても「自然言語」(すなはち日本語)にはならない。或る一定のプログラムに従つて、しかるべく配列し、結び直すことが必要となる。その転換に用ゐられるプログラム言語が、いはゆる乎古止《おこと》点、返り点その他であつた訳である。

日本人にとつて、漢文は、ちやうど足し算引き算を習ふやうにしてその計算法をマスターすべき一つのシステムにすぎない。そして、それを「自然言語」に転換するプログラムの総体が「訓読」といふものだつたのである。

したがつて、訓読は普通の意味での「翻訳」ではない。普通の翻訳は二つの自然言語の間に行はれる操作であるのに対して、訓読では自然言語は唯一つ、日本語しか認められてゐないからである。この一見些細な相異は、実は重大な意味をもつてゐる。と言ふのも、まさにこのことによつて、我々の祖先は、漢文の内から「異言語の支配」といふ危険な要素を取り除くことに成功したのだからである。一国を二重言語国家としてしまふやうな危険な力は、「自然言語」の内にこそある。音声をうばはれ、単なる一つの情報計算法となつてしまつたものには、さういふ力はもはやないのである。しかも、この訓読の方法の内には、当然のことながら、漢文のもつ情報伝達機能だけは、そつくり損《そこな》はれずに保たれてゐる――おそらく、当時の中国周辺世界にあつて、先ほど述べた「苦境《ディレンマ》」を、これ以上鮮かに切り抜ける術はなかつたであらう。この「放れ業」の常識はづれと不自然とが、即ちそのまま、この方法のもつクールな「鮮かさ」となつてゐるのである。

しかし、この「鮮かさ」は、同時に、剣の刃の上を渡るやうな「危ふさ」と背中合はせになつてゐる。すなはち、この方法は、ひとたび自分自身の「不自然」に気付いてしまふ途端に、根本から崩れてしまふのである。訓読の成功は、ひとへに、漢文が中国語であることを見ないことにかかつてゐる。ひとたびそれを見てしまつたならば、その認識と闘ひ、それをはねのけはねのけ訓読をつづけてゆく、などといふことは出来るものではない。ここには「悪戦苦闘」はあつてはならないのであつて、「悪戦苦闘」となつたならば、その瞬間に訓読は失敗なのである。

朝鮮半島で、（おそらくは日本に先立つて）訓読の方法が発明され、吏読《イドウ》といふ表記法としていつたんは確立したかに見えながら、ふたたび衰へてしまつたのも、まさにこの方法の脆《もろ》さ、危ふさを物語るものと思へる。日本よりもはるかに直接に「中国語」の侵入にさらされてゐた朝鮮半島では、訓読の確立は、どうしても「悪戦苦闘」のたたかひとならざるを得なかつた。そして「訓読」といふ、この鮮かで同時に危ふい方法は、さういふ「悪戦苦闘」を生き延びることができなかつたのである。

大発明

訓読が成功するための唯一の道は、その「不自然」を決して「不自然」と思はぬこと、漢文が中国語であることをはなから無視して、その無視してゐることにも自ら気付かぬほど徹底的に無視し切ることである。

上代日本人の為しとげた訓読は、この徹底した無視の上に築かれたものであり、実は、これこそが訓読といふことの謎をとく鍵なのである。訓読の驚嘆すべき秘密は、そのプログラム言語の巧妙、複雑さなどにあるのではない。この徹底した「無視の構造」の内にこそあつたのである。

しかし、訓読がいくら鮮かな方法であり、日本文化の危機を救ふものであつたと言つても、我々の自国語の表記の完成といふ点から眺めると、これ一つではどうにもならぬと言はざるを得ない。どうしても、

「已《スデニ》因《テ》レ訓《ニ》述《ベタルハ》者、詞不レ逮《バ》レ心《ニ》」

と、『古事記』の筆者が、その「序」に述べたやうなことになる。といふのも、元来が、訓読は、漢文といふ視覚情報システムを自然言語に転換する方法にすぎないのであるから、自然言語のありのままの姿にこもる「心」をそのまま記録し置くのには適さないのである。

そこから、「全《ク》以《テ》レ音連《ネル》」といふ、完全に別のシステム、すなはち、音声として存在してゐる日本語をそのままの形で記録する、一種の聴覚的記録システムの必要が生まれる。それが、「仮字《カナ》」といふ方法であり、ひいてはひらがな、カタカナを生むに至つた方法であつた。現在の我々の「漢字かな混り文」といふ形の表記法も、結局はこの二つのシステムの混用で成り立つてゐると言へる。『古事記』の筆者が千年以上も前に述べてゐる、この二つの方法――「因レ訓述」と「以レ音連」とは、今に至るまで日本語の表記を支へつづけてきた二本の柱なのである。(注4)

そして、「以レ音連」といふ、このもう一本の柱が、よく見れば、これ又、訓読に負けず劣らず、まことに鮮かな大発明である。

もつとも、「大発明」とは言つても、一見、この「仮字《カナ》」の内には、訓読の場合にもまして、「大発明」らしい処が見あたらない。時折、かな文字は日本人の偉大な発明であるといふことを言ふ人がゐるにしても、その感嘆はもつぱら、漢字といふ繁雑な字形から、かくも簡略な記号をつくり上げた、といふ点に向けられてゐる。ただ、漢字の音を借りて日本語の音声に充てただけの、「仮字」といふ出発点そのものについては、顧みようとする人は少ない。しかも、その音のみを借りるといふこと自体、すでに「仮借」に見られるごとく、古くから中国にあつた漢字の用法の一つにすぎないとあつてみれば、其処に何らかの「発明」を見よと言ふ方が無理だといふことになろう。

しかし、発明とは何か目新しいものを拵へ上げることの内にあるのではない。さういふことを可能にする発想の一大転換の内にこそあるのだ、と言ふことが許されるならば、ここには確かに発明の名に値するものがある。そしてそれと較べれば、平仮名、片仮名の作成などは、文字通りの「技術改良《イノヴェイション》」でしかないと言へるのである。

たしかに、中国で古くから行はれてゐた仮借や、音訳（たとへば「仏陀《ブッダ》」や「三《サム》昧《マーディ》」のごとき表記）の方法は、漢字を「其字の義《ココロ》をばとらずて、ただ音のみを仮《カリ》」る仕方である。その点だけを見れば、仮字《カナ》はただその同じ原理をつかつた表記といふにすぎない。

けれども、仮借や音訳の場合には、そこにもう一つの、そしてもつと重要な暗黙の原則がひそんでゐるのである。すなはち「さうやつて出来上つた文は、依然、中国語として読める文でなければならない」といふ原則である。そして、更にその原則を支へてゐるのは「いやしくも漢字で書かれたものは中国語である」といふ大原則である。

この大原則に、仮字は真向から背いてゐる。中国の仮借や音訳を何の曲もなく真似たやうに見えて、実は、その大事な一点に於いて、仮字はそれらと根本的に異つてゐるのである。たとへば、「佐《さ》久《く》波《は》奈《な》波《は》宇《う》津《つ》呂《ろ》布《ふ》等《と》伎《き》安《あ》里《り》」などといふ文字列を中国語として読むことは、何としても不可能である。まして「有《あり》糠《ぬか》毛《も》」などに至つては、いつたん訓読みしたその音をそのまま借りてしまふといふ自由奔放ぶりである。これはもう、仮借や音訳の遵守する、あの暗黙の大原則に「背く」などといふものではない。そんなものを完全に無視してゐるのである。全く無視して、漢字を、単なる「音をうつす道具」として使つてゐるのである。

　かういふ無頓着ぶりが、中国周辺の国々のなかでも例外的なものであつたことは、訓読の場合と全く同様である。たとへば朝鮮半島の新羅には、ちやうど日本の万葉仮名とおなじやうな表記法である「郷札《ヒャンチャル》」が生まれたが、これは、郷歌《ヒャンガ》と呼ばれる古い歌謡をいくつかとその他僅かの文献を残すのみで、いつの間にか消えてしまつた。(注5) 勿論、朝鮮語の音節が、日本語に較べるとけた違ひに複雑で、四十七字の仮名に整理することなど到底不可能である、といつた実際的な理由もあつたであらう。(注6) しかし、ともかくも一応は表記の体をなすことのできた郷札が、歴史の流れの中に捨て去られてしまつたのは、そこに、本来中国語を表はすべき文字が朝鮮語の音を表はしてゐる、といふ「不自然」が見えてしまつたからであらう。漢字とは完全に無縁に作成された文字であるハングルを得て、はじめて朝鮮語の表記は安定することができたのである。

　ヴェトナム語の場合になると、(注7) その「不自然」を厭ふ心根は、もつと明らさまな「対抗意識」とも言ふべき形をとつて表はされてゐる。もともと音節構造が中国語とよく似てゐるヴェトナム語では、音を借りるにあたつて、朝鮮語や日本語よりも、はるかに手続きが簡単であつた。漢字一字で、或る一語の音をそつくり表はすことが可能だからである。音訳といふよりも、むしろ仮借に近い仕方で音を借りることができたのである。

ところが、ヴェトナム語では、多くの場合、漢字をそのままの形で借りようとはしなかつた。たとへば「あたらしい」といふ意味の語（mei^5）が、ほぼ漢字の「買」の音をもつといふとき、そのまま「買」とは書かずに、「𧵑」と書く。或は漢字の「巴」の音をもつ語を「吧」と書く。どちらも、それが漢字からただ音をのみ借りて書いたヴェトナム語であつて、中国語ではないことを示すために、「く」の旁《つくり》や「口」偏をつけてゐるのである。

また、多くの字は、漢字本来の語義とヴェトナム語の音とをあはせて表はす形声字として作られてをり、「𦣰」（Nam^2 臥す）のごとくに書かれる。語義のみを借りる場合にも、しばしば、「𡗶」（天）、「呹」（失ふ）のごとくに、わざわざ字を重ねて「漢字ならざる文字」へと作り変へられる。

このやうなヴェトナム語の表記法は字喃《チューノム》と呼ばれるが、この字喃《チューノム》には、郷札《ヒャンチャル》の場合よりははるかにはつきりとした「言語の国境」の意識がうかがはれる。ただ読み手の読みやうにすべてをまかせるのでなく、漢字を実際に作り変へてしまふことによつて、文字自体に、コレハ中国語デハナイ、ゞぇとなむ語デアル、といふことを主張させてゐるのである。

そして、中国の周辺を見回してみると、このやうにはつきりとした「言語の国境」の意識をもつ方がむしろ普通のことで、郷札《ヒャンチャル》や万葉仮名は例外的な方法であつたことが解る。字喃《チューノム》のやうに漢字を作り変へた文字、又は漢字を手本に新しく拵へた文字を、総称して擬似漢字と呼ぶが、これは東アジアではもつとも一般的な方法であつた。大方の中国周辺民族が、読み書きするものと言へば漢文（中国語）のほかなかつた状態をくぐり抜けて、やうやく自国語の表記といふことを目指したとき、まづ考へついたのがこの擬似漢字といふものだつたのである。

「漢字の言霊」の無力化

擬似漢字には、いまあげた字喃をはじめ、契丹大字、契丹小字、西夏文字、女真文字、水文字等々、さまざまの種類があり、これらの内には、漢字の部分部分をとつてきて組みかへたものもあれば、漢字の構成の仕方を真似て、各要素は全く違ふといふものもある。或は、また、ただ何となく全体の形が漢字に似通つてゐるだけといふものもある。その機能も、表音をもつぱらにするものもあれば表意に重点を置くものもあり、その混合もあるといつた具合に様々であつて、ただ一点「漢字に似て非なるもの」であるといふことに於いて、これら「擬似漢字」はつながつてゐると言へよう。

　われわれ素人がただ他所ながらにのんびりと眺めるには、この擬似漢字といふものは、想像力をかきたてる、実に面白い見物《みもの》である。契丹大字の「兆」(年)、契丹小字の「仂」(戌)、水文字の「卞」、女真文字の「虫」(狐)からさらに西夏文字の「蔬」(我聞)や「扁扁」(一切)などになると、一体どんな人々が、どんな顔をしてこんな文字を使つてゐたのだらう、と遥か彼方に誘はれる心持がしてくる。

　けれども、かうした様々な擬似漢字の群れを見つめてゐると、やがてその後にすけて見えてくるのは、或る「苦しさ」の表情である。漢字に近い文字も遠い文字も、理にかなつてよく出来てゐると言はれる文字もさうでない文字も、みな何処かに同じ「苦しさ」を見せてゐる。それはまさに、小林秀雄氏の、

　　漢字の言霊は、一つ一つの精緻な字形のうちに宿り、蓄積された豊かな文化の

意味を語つてゐた。

と言ふ、その「漢字の言霊」の呪縛と闘ふ苦しさの表情なのである。

漢字漢文を訓読せず、中国語として読んでゐた人々が、はじめて自国語を表記しようと志したとき、まづしなければならなかつたのは、この「漢字の言霊」から逃れることであつた。漢字で書けば、それはすべて「中国語」になるのだぞ、と「漢字の言霊」はささやきかけてくる。そのささやき声から、一歩でも二歩でもよいから遠ざからなければならない。漢字でない文字を作らねばならない。かと言つて、自分達の知つてゐる文字といつては漢字の他ない。手本とすべき唯一の文字は漢字である――さういふ時、新しい文字を創作するといふ仕事は、左手で漢字を引き寄せておきながら右手でそれを押し返すといふ作業にならざるを得ない。その、人の知恵のいかにも苦しく働かざるを得なかつた様が、出来上つたものの後から、すけて見えるのである。

この人々は、おそらくは、ごく「正統的」な精神の持主であつたに違ひない――文化といふもの、中でも言語といふものには、否も応もなしに引かれた「国境」があること。そして、国境に区切られたそれぞれの言語は、それぞれに一個の有機体であり、文字もまた、その有機体の、血の通つた、切り離せない一部であること――かういふことが、その人々にとつては、改めて言ふまでもない「常識」だつたのである。その結果、この人々は、「漢字の言霊」を無視するかはりに、それと真正面から闘はざるを得なかつた。そして、それと闘ふといふことによつて、かへつてその呪縛力の内に身を置くことになつたのである。

（我々がいま、一口に「漢字文化圏」などと言つてゐるその中身を顧みれば、実はそれは、かうした、目に見えぬ、絶えざる闘ひの戦場のことだつたのである。）

いま、これらの擬似漢字はどうなつたかと言へば、契丹文字、西夏文字、女真文字などは、それを生み出した国と文化はとうに絶えて、ただ文字だけが遺されてゐる。また、さうした歴史の不運に見舞はれることなく、十九世紀に至るまで使はれてゐた字喃にしても、その名が本来あらはす本当の意味での「民間、土着の文字」となることは、つひにできなかつた。現在、ヴェトナム語は、十七世紀にフランス人宣教師の考案したローマ字表記「クォック・グー」（皮肉なことにこの言葉は「国語」から来てゐる）によつて表記されてゐる。

生きた言語を写す生きた文字としての擬似漢字はもはやない。(注8)

片方は歴史の芥の中にふたたびうづもれ、片方は歴史を生き延びた——擬似漢字と仮字の運命の、この相違は、もちろん半ばは偶然のことである。しかしその底には、両者を生み出した精神のありやうの、歴然とした差を見ることができる。

たとへばその差は「ひらがな」「カタカナ」の表情そのものにも見てとることができる。ここには何一つ無理な力を使つた形跡が見あたらない。殊にひらがなの形には、その、漢字からゆるゆると崩れて出来上つていつた、自然まかせの悠々とした歩みが、そのままにあらはれてゐる。言つてみれば、これは、「使ひ勝手本意」に出来上つたものであつて、それ故に、永年人の手に使ひ慣らされ伝へられてきた器のもつやうな自然の線を、一字一字がおのづと持つやうになつたのである。そしてまた、さうであつてこそ、我々が千年に渡つて使ひつづけるに耐へるものが出来たのだと言へよう。

しかし、さういふ自然な歩みがいかにして可能であつたかと言へば、それは、その出発点である「仮字《カナ》」に於いて、一つの途方もない「不自然」が克服されてゐたからなのである。すなはち「いやしくも漢字で書かれたものはすべて中国語である」といふあの暗黙の大原則を恬淡と「無視」することによつて、「漢字の言霊」を完全に無力にしてしまふことができたからなのである。

「仮字《カナ》」が大発明であるといふ所以はここにある。それに反抗することが即ちそれに縛られることとであるやうな、さういふ強大な異文化の力と闘ふにあたつて、我々の祖先は、唯一の可能な道を見つけたのである。つまり、それが「異なる原理」をもつものであるといふことを、徹底的に「無視」してしまふこと。無視してゐるなどといふことにさへ全く気付かぬほど完璧に無視してしまふこと。それによつて、他の民族が悪戦苦闘したその闘ひを、闘はずして勝つたのである。

この「徹底した無視」といふことの内に、仮字と訓読といふ、一見まつたく違つた方法の一致点がある。言つてみれば、この二つを生み出した「庖丁さばき」は同じものなのである。漢字といふ素材を切れの良い庖丁で三枚におろせば、視覚的情報伝達機能と表音機能といふ二枚の片身がとれる。仮字と訓読とはその二枚の片身をそれぞれに料理したものである。そして、その鮮かな庖丁さばき、或はそもそも漢字を三枚におろすなどといふことができるといふこと——これは「漢字の言霊」と闘ふなどといふことがあつて出来るものではない。それをはなから無視してゐてこそ出来たことなのである。

日本を救つた「漢意」

一口に言へば、我々が現在のやうに日本語を読み書きすることが出来るといふことそれ自体が、この「無視の構造」に支へられてゐる。それが及ぼした影響から言つても、またそれの根をなす事柄の深さから言つても、これは単なる「国語表記の諸問題」などといつた、少数の専門の人々にだけかかはりのある問題ではない。この「無視の構造」は、まさに小林氏の言ふ「私達の文化の基底に存し、文化の性質を根本から規定してゐた」我々の祖先の言語経験の本質である。そして漢意とは、実はこのことに他ならないのである。

先程も見た通り、漢意は単純な外国崇拝ではない。それを特徴づけてゐるのは、自分が知らず知らずの内に外国崇拝に陥つてゐるといふ事実に、頑として気付かうとしない、その盲目ぶりである。

「我はからごゝろもたらずと思ひ、これはから意にあらず、当然理《シカアルベキコトワリ》也と思ふ」と、これこそが漢意の本質的な構造であつた。

これが、訓読と仮字を生み育てた「無視の構造」そのものであることは、あらためて断るまでもあるまい。先ほどの話をおし縮めれば、訓読も仮字も、つまりは「我は漢字《からのもじ》もちゐずと思ひ、これはからの字にあらず、ただ当然《あたりまへ》の字也と思ふ」ことによつて生まれた方法だといふことになるのである。

もつとも日本人の心を損ふものとして宣長の難じた漢意が、実は我々の文化を、その最大の危機から救つたものであつたといふのは、誠に皮肉なことである。しかも、それは、漢籍の渡来といふ大昔の特殊な出来事にかぎつて生じた、偶然のいたづらといつたものではなかつた。たとへば、宣長の死後約半世紀ののちに日本を襲つた危機の時代にも、やはり同じことが繰り返されたのである。

幕末から明治にかけての日本が、非常な危険にさらされてゐたといふことは、誰もが認めるところである。それは唯、西欧のしかじかの国が日本に攻め入つて来たかも知れぬといふ、個別の、直接の危険だけではない。当時の人々の目に見えてゐたのは、アジア全体に覆ひかぶさつてゐた、もつと大きな危機であつて、それは、偶々一国、二国の侵攻をうまく避けることができたからと言つて消え失せる性質のものではなかつたのである。

——いま、アジアに押し寄せてゐるのは、有無を言はせぬ「力」といふものをもつた西欧《ヨーロッパ》文化である。この文化は、触れるすべてのものを「力」に換算してしまふといふ特質をもつてゐる。その唯一の換算法にしたがつて、彼等は容赦なく換算し、取り立てる。かういふ文化からは逃げても逃げおほせられるものではなく、又、正面切つて立ち向へるものでもない——「黒船」を見た人々の心に漠と映じたのは、かういふ危機全体の姿であつたに違ひない。

さういふ広く大きな危機を目の前にして、まづすべきこと、と人々が考へたのは、自らもその「力」を身につけるべくただひたすら努めることであつた。蒸気機関車のもつ「力」、二十八サンチ砲のもつ「力」、憲法や帝国議会のもつ「力」。かうした「力」を一つ一つ、脇目もふらず、身につけてゆくことであつた。おそらく誰が考へても、それが、当時採りうる一番の実際的な道だつたことであらう。

しかし、此処でふり返つて驚くべきことは、そもそもその一番実際的な道をとることができた、といふことなのである。

或る人は、江戸時代を通じて蓄積されてきた、日本の高い技術と知識とが、さういふ西欧文化の素速い消化吸収を可能にしたと言ふ。或は、日本全体の教育水準が、その時すでに、世界の何処へ出してもひけを取らないものであつたことを言ふ人もゐる。また或る人は、明治の人々の旺盛な好奇心と活力《ヴアイタリテイ》について語り、或る人は、日本をめぐる当時の国際勢力がうまく拮抗し、牽制し合つてゐたことの幸運を語る。おそらく、そのどれもが必要な条件であつたらう。しかし、更にその上にもう一つ、どうしても欠かせない大切な条件があつた。それは、自分達の学ばうとしてゐるものが、或る「普遍的なもの」だと思ひ込むことである。それが南蛮夷狄の文物であることを忘れることである。

人間には、軽蔑しながら学《まね》ぶ、などといふことの出来るものではない。蒸気機関車も二十八サンチ砲も、憲法も帝国議会も、すべて所詮は毛唐の発明した道具にすぎず、制度にすぎないではないか、と、ひとたびさういふ風に見えてしまつたらば、もう、それを大真面目で学ばうといふことは不可能となる。いくら、それが自分達の国家と文化を守るのに必要であると解つてゐても、それだけでは人は心から学ぶことは出来ない。すでに自らの文化の水準が高ければ高いほど、その高さそのものが、異文化の産物を学ぶ妨げとなるのである。

それを思へば、明治時代の日本について驚くべきことは、むしろ、すでにあれ程高い水準の文化と技術を持ちながら、それにもかかはらず、あれ程すばやく西欧の文化を消化し、同化することができたといふことだ、とさへ言へる。

言ひかへれば、明治の人々は、自分達が行つてゐるのはただの「欧化政策」などといふものではない、「文明開化」である、と自ら信じ込むことで、危機の脱出に成功したのである。また後の世の人々も、それを「近代化」であると見ることによつて、迷ひなく引き継ぐことができた。百年以上に渡る日本の「近代化」の歩みは、まさにそれを（「西欧化」ではなくて）「近代化」と呼ぶこと、すなはち「文化の国境を見ない」ことで成り立つてきたのである。ここでも、秘かな功労者はあの漢意であつた。かうした「皮肉」は、ただ歴史の偶然が生み出したものではない。それは、皮肉といふよりもむしろ「逆説」と言ふべきものであつて、漢意それ自体が、或は日本文化それ自体が、さういふ逆説をなして出来上つてゐるのである。

そもそも、漢意に毒されぬ日本人本来の心のありやうとはどんなものなのかと言へば、それを本居宣長は、「直毘霊《ナホビノミタマ》」と題する一文のなかで、こんな風に語つてゐる。

古へは道といふ言挙《コトアゲ》なかりし故に、古書どもに、つゆばかりも道々《ミチミチ》しき意《ココロ》も

語《コトバ》も見えず、(注9)

これはつまり、「道」といふ概念そのものを持たないといふこと、およそ原理原則といつたものを思想の力とは認めないといふことである。その点こそ、宣長がこの一文で繰り返して強調するところであつた。

とすれば、先ほど見たあの「無視の構造」は、漢意の構造であるばかりではなく、古意《イニシヘゴコロ》そのものでもあるといふことになる。この一点に於いて、漢意と古意とは一致してゐる。ちやうどメビウスの輪のやうに、漢意と古意といふ正反対の裏と表が、この同じ一つの平面で出会つてしまふのである。日本人本来のあり方、心のもち様《やう》が、そのまま辿つてゆくと、もつとも日本人らしからぬ倒錯のあり方となり、それを更に追ひつづければ、また日本人本来のあり方となる——このメビウスの輪の全体が日本文化の構造なのである。

底知れぬおぞましさ

本居宣長の「からごゝろ」の一条が我々に遺した宿題を、小林秀雄氏と共に探りつづけて、その末に現はれて来るのが、このメビウスの輪である。日本文化といふものにつき纏ふ、およそすべての解り難さ、曖昧、当惑といつたものは、この逆説的な形そのものに発してゐる。かと言つて、この輪を切つて平らな一枚にしたのでは、日本文化を云々したことにはならない。その逆説の姿のままそつくりと眺めることが、すなはち日本文化を理解するといふことなのである。

これは勿論、簡単なことではない。けれども、それより更にいつそう難しいのは、さういふ形をした日本文化を生きることなのである。

かつて本居宣長が直面したのも、その難問であつたと言へよう。「自分は日本人である」といふ自覚の上に立つて、日本人として、正統的に生きようとすると、他ならぬその決意そのものによつて、「日本人であること」の核心をなすものが壊されてしまふ。この危険に、宣長が気付いてゐなかつた訳ではない。さきの「直毘霊」の一文をしめくくるにあたつて、宣長はかう書いてゐる。

かゝれば如此《カク》まで論《アゲツラ》ふも、道の意にはあらねども、禍津日神《マガツビノ》のみしわざ、見《ミ》つゝ黙止《ナホ》えあらず、神直毘神《カムナホビノ》大直毘神《オホナホビノ》の御霊《ミタマ》たばりて、このまがをもて直《ナホ》さむとぞよ、(注10)

すなはち、日本人本来の心のもちやうを、自分のやうに論ふことそれ自体が其処からの逸脱であることを、宣長は見抜いてゐたのである。しかし、敢へてその危険をおかしてまで、さういふ論ひをしなければならなかつたのは何故かと言へば、世に漢意のはびこる様が、宣長にとつて「見つゝ黙止えあらず」と映つたからなのである。

「無視の構造」は、たしかに日本文化の根本構造であり、もつともすぐれた特質をなしてゐるものである。けれども、そこには底知れぬ「おぞましさ」が、ぴつたりと背中合はせになつて張りついてゐる。宣長には、それが見えてしまつたのである。宣長が漢意といふ言葉を語るとき、何にもまして強く響くのは、そこに感じ取られてゐる「おぞましさ」である。それは、自らでないものを自らと取り違へて生きることの醜さ、とでも言ふべきものであり、ひとたびそれに気付いてしまつたらば、二度とその中で息をするに耐へない類の醜さなのである。「からごゝろ」の一条を通じて宣長が警告してゐるのは、この醜さ、おぞましさに対してである。それは、今から百五十年前の人々に対する警告であるばかりではない。今の我々にとつても、それは等しい警告の力をもつてゐる。何故ならば、我々もまた、当時の人々と同じ醜さの中で生きてゐるからである。

いまもまた、我々は、自分達が何者であるかを本当には見ないことによつて、我々らしさを保つて生きてゐる。そしてこの生き方を貫くためには、「見ない」といふことに絶えず神経をとがらせてゐなければならない。あちらに一つ、こちらに一つと覆ひをして回りながら、しかもさうして心せはしく目をそらせてゐること自体を自らに隠しつづけなければならない。さういふ無意識の努力が限界に達するとき、その覆ひの下から顔をのぞかせるのが、漢意のもつあの「おぞましさ」なのである。

醜いことがそれだけでいけないのではない。恐しいのは、さうやつて覆ひ隠せば隠すほどふくれ上つてゆく「自己を見ない」ことの醜さが、或る日突然そのおぞましい顔をあらはした時、我々がすつかり不意をうたれてしまふ、といふことなのである。

たとへば今、「日本国憲法」の内にあるおぞましさなどといふものは、人の目に露はになつてはゐない。いはゆる憲法論議と言はれてゐるものは、まだ本当の憲法論議ではない。第九条をめぐつての今のところの議論も、むしろ、止むに止まれぬ現実の出来事に付随しておこる、実際的の議論と言へる。或は、それは、法律学者や政治学者がその成り立ちや手続きをめぐつて繰り拡げる、「専門的」の議論を出てゐない。

けれども、いづれ何時かは、この憲法全体を貫く精神のおぞましさ、或はむしろ、全体を貫く精神の無いことのおぞましさが、人の心を蝕み始める時が来る。その時に如何《どう》したらよいのか、その時我々は如何《どう》生きたらよいのか――我々にはまだ全くその備へが出来てゐない。考へれば身の毛がよだつほど、全く出来てゐないのである。

おそらく、いま我々のなすべきことは、それを覆つてゐるボロかくしの布の、こちら側とあちら側を持つて引つ張り合ふやうなことではあるまい。いかにして隠さうか、又はいかにして暴露しようかといふことが問題なのではない。大切なのは、いかにして、もはや隠すことに汲々とせずにゐられるやうになるか、といふことなのである。我々の本来の在り方を破壊することなく、しかも自分自身を見ることを恐れずにゐられる――これが、我々の目指すべき安心の境地である。

その安心の境地を得るためには、「見る」ことを恐れつづけてゐてはならない。むしろ、何故我々は我々自身を見ることを恐れるのか、その「何故」の中を真直に底まで見抜くことが必要である。

いま世に出てゐる多くの日本論は、その為にこそ役立てられるべきであらう。多くの人々の模索と探究は、今はまだ一見とりとめが無いやうに見えても、次第に、霧の中からものの姿があらはれ出てくるやうに、日本文化といふあのメビウスの輪の全体を描き出すに違ひない。そして、それがはつきりと人の目に見えるやうになつたときに、我々は漢意のあのおぞましさを克服して、しかも尚かつ、本来のやまと魂——すなはち、しなやかで靭《つよ》い心を持つことができるやうになる筈なのである。

注1　中央公論社「日本の名著」の「本居宣長」の付録「〃物のあはれ〃について」中の石川淳氏の言

注2　中央公論社「折口信夫全集」第二十巻「国学の幸福」より

注3　筑摩書房「本居宣長全集」第一巻

注4　中央公論社「日本語の世界」の「日本の漢字」（中田祝夫）によれば今見る形での漢字かな混り文が一般に使はれるやうになつたのは比較的近年のことであるといふ。しかし、両者の交はる形は時代によつて異つても、この二つが日本語表記における二本の大切な柱であつたという点はつねにかはりなかつたと言へよう。

注5　六興出版「古代朝鮮語と日本語」金思燁著参照（吏読についても同書を参照）

注6　「言語生活」一九八三年六月号中の座談会「東アジアにおける漢字使用」の志部昭平氏の発言を参照

注7　以下のヴェトナム語の記述、及び擬似漢字についての記述は、西田龍雄著「漢字文明圏の思考地図」（ＰＨＰ）、橋本萬太郎編「世界の中の日本文字」（弘文堂）を参照させていただいた。

注8　「漢字文明圏の思考地図」によれば、字喃系擬似漢字である壮文字が、今なほ上林地区など一部の特定地域で伝承されてゐるといふ。しかし、国民的規模の文字使用として見たときには、やはり擬似漢字は世界の歴史の表舞台から姿を消したと言ふことが許されるであらう。

注9　筑摩書房「本居宣長全集」第九巻

注10　同右

やまとごころと『細雪』

『細雪』は生粋の日本語で出来上つた小説である。そしてそのために、これは誰にでも読める小説でありながら、また誰にも「理解」されない小説となつてゐる。

百年このかたわれわれにとつて、精神を働かせるといふことはすなはち、「日本語でないもの」に合はせて日本語を切りそろへ、折りたわめる苦闘のことであつた。今ではもうすつかりそれに慣れてしまつて、さういふ苦闘を行なつてゐるといふことにさへ誰も気が付かない。さういふ時に『細雪』の文章のやうな極くあたり前の、日本語でしかないものを前にすると、われわれの精神は手がかり足がかりを失つて働きやうがなくなり、途方にくれるのである。これまで『細雪』について書かれたものを集めてみれば、その途方にくれた精神の一大記録といつたものが出来上るに違ひない。

何事にも無論例外といふものはあり、たとへば吉田健一氏が『細雪』を解説するときには、氏は『細雪』の内に無いもの、あつてはならぬものを求めたり捜したりする代りに、ただこの小説がさうある通りの姿をわれわれの目の前に明らかにしてくれる。けれども又そのために、『細雪』を前にして途方にくれた者は、吉田健一氏の解説を読んでもう一度途方にくれることになる。そこでは、日本語が日本語でしかないからである。

かうして途方にくれて――自分が途方にくれてゐることにも気付かぬ程途方にくれて――『細雪』のやうな類の小説についてはただ人それぞれの好き嫌ひが言へるだけである、と言ふ人々がゐる。しかしさうした言ひ方をする時には、ここに何か知らなければならぬもののあることが忘れられる。われわれがすでにもともと知つてをり、そして知つてゐるといふそのことを忘れてゐるもの――それが忘れられる。

とうに知つてゐることを思ひ出すのは、時とすると何か新しいことを知るよりも難しい。考古学者が土の中から古代の遺物を発掘するときには、柔い刷毛で一層一層そつと土をかきおとすのださうであるが、われわれもちやうどそれと同じやうにして『細雪』の上につもつた微妙な誤解の様々を根気良くかきおとしてゆかなければならない。するとそこから、『細雪』といふ小説の姿と同時に、われわれが忘れてゐたものの姿がかすかに見えてくるかも知れぬ。

『細雪』を読んでゐると、なにかわれわれの知り合ひに鶴子、幸子、雪子、妙子といふ四人の姉妹がゐて、こちらもその見合ひの席に列したり、結果に気を揉んだりしてゐるやうな気持になる。これはどんな小説であつても、それが小説と呼べるものであるかぎり等しく持つてゐなければならない特質であつて、実を言へばわれわれが小説を読むのもその心持を楽しむために他ならない。

それでは一体そこにどんなからくりがあつて小説の中の物事が現にあるやうに感ぜられるのか、といふことを探るのが評論家と呼ばれる人々の仕事である。或る評論家はこんな風にそれを語る。

これは独白ではないが、又物それ自体の手ざはりの全然感ぜられない種類の叙述である。人物の行動の巨細にわたつた描写と印象されるものも、実は、人物そのものの描写ではなく、その人物がたどつた、すでにわれわれの聞きなれてゐる日本の古典を飾つた地名の逐次的記録であつたりする。……その他著名な平安神宮の紅枝垂れ桜の眺めにしても、又、嵐山を背景にして見るやうにしつらへられた、一樹の桜をも植ゑぬ御牧子爵別邸の庭の光景にしても、それを表現する筆は、描写といふよりもわれわれのすでに古典によつて培はれてゐる美的想像力にざつと訴へれば足りるとしてゐる底の粗描で、そこには感性をなやます立体感も細描もない。クールベー伝来のレアリスムの匂ひのせぬことは無論で、われわれには、絵の具の剝落しかけた大和絵のモルソーを見る思ひがする。(注1)

ここで筆者は、われわれが『細雪』を読んで受ける、漠然とした「現実」の印象の裏に分け入つて、いはば倍率の高い拡大鏡のもとに文章の解剖をほどこしてゐる。そしてこれを読む者は、小気味よく幻想から醒まされてゆく心持を味はふ。

しかしよく考へてみると筆者はここで「現実」といふものについての或る一つの見方を前提として語つてをり、それは「現実とは物体のことである」といふ見方である。そのことを物語つてゐるのはたとへば「レアリスム」といふ一言であつて、この言葉のもととなるラテン語の **res** は「現実」といふ意味と同時に「物」といふ意味をもつた言葉であつた。そして「現実」と「物」とは同じ事であるといふこの考へ方は、近代ヨーロッパのものの考へ方の根本をなしてゐる。しかもそこで考へられてゐる「物」とは、つぎの言葉が語るやうな独特の「物」なのである。

物体とは、なんらかの形によって限られ、場所によって囲まれ、他のすべてをそこから排除するような仕方で空間を満たすもの、触覚、視覚、聴覚、味覚あるいは嗅覚によって知覚されるもの、さらにまた、多くの仕方で動かされるが自分自身によってではまったくなく、何か他のものによって触れられることで動かされるもののすべてである。(注2)

この「物体」に生命はない。あるのはただ三次元の拡がりだけである。近代ヨーロッパは、物体をかういふものと考へることで「近代科学」を持つに至つた。そしてかうした物体を「自己」といふ名の精神が眺めるとき、それが「現実」と呼ばれるのである。

したがつて近代ヨーロッパのものの考へ方は、それをどこからどう切つても、必ずこの「物体」といふ断面を見せることになる。自ら動くことなく、自らの輪郭の内にとじ込められた「物体」が、いつも「精神」の向う側にある。

しかしはたして『細雪』といふ小説がさうした堅苦しい――文字通りに堅くかつ苦しい神話にしばられるべきものであるか否かは、また別のことである。そもそも「現実」とは何かとあらたまつて尋ねられたならば、それについてわれわれはほとんど何も知らないといふことに気付くであらう。これは、そもそもそれが何かと考へ始めた途端に解らなくなる類の事柄の一つなのである。『細雪』の現実については『細雪』に聞くほかはない。実際に『細雪』の文章を眺めてみると、先の批評にあがつてゐた平安神宮の紅枝垂れ桜の眺めはこんな風に書きあらはされてゐる。

あの、神門を這入つて大極殿を正面に見、西の廻廊から神苑に第一歩を踏み入れた所にある数株の紅枝垂、――海外にまでその美を謳はれてゐると云ふ名木の桜が、今年はどんな風であらうか、もうおそくはないであらうかと気を揉みながら、毎年廻廊の門をくゞる迄はあやしく胸をときめかすのであるが、今年も同じやうな思ひで門をくゞつた彼女達は、忽ち夕空にひろがつてゐる紅の雲を仰ぎ見ると、

皆が一様に、
「あー」
と、感歎の声を放つた。

たしかに、この長いひとつづきの文章のなかで、直接にものの姿をうつした言葉といつては、「夕空にひろがつてゐる紅の雲」のひと言だけであつて、それさへもが、花であるのか雲であるのか、もののあはひの定かならざる眺めである。もしも現実が先ほどのやうな物体のことであるならば、ここには現実に似たものは何一つないと言はなければなるまい。けれども、現実とは何なのであるか実は全く知らないのだといふことを思ひ返して、ただ文章のすすむままに辿つてゆけば、そこにおのづから「物体」とは別種の、しかし現実と呼ぶ他ないものの姿があらはれてくる。

この花見の一段では、広沢の池のほとりから渡月橋の袂へ、法輪寺の山から天龍寺の北の竹藪の径《こみち》とつづく所々の名の連なりが、次第次第に読む者の心を平安神宮の桜へと準備する。一々の場所を見知り聞き知つてはゐなくとも、かうした名の群れが読む者の心のなかに一つの空間を拡げるのである。

午後になつてから風が出て急にうすら寒くなり、厭離庵の庵室を訪れた時分には、あの入口のところにある桜が姉妹たちの袂におびたゞしく散つた。

といふあたりから、春の夕暮の匂ひがたちはじめ、読む者ものどかな花見のなかにやうやう心せくものを覚える。そして平安神宮の神門をはひつても、かの紅枝垂はまだ見えず、満開の姿を見事に視界のうちに拡げるとも、わびしく散りしをれた姿をさらすとも定まらぬままに揺れてゐる。さういふ動揺のはてに実際の姿があらはれてくるときには、期待と現実とを隔てる薄い半透明の膜が一気に切つておとされる心持がするもので、この文章の「忽《たちま》ち」といふ短い一語が、その切つておとされる音を伝へる。

ここには確かに現実といふものがあり、そしてその姿が近代ヨーロッパのいふ「物体」とは遥かに異つてゐるのをわれわれは感じる。ここでは現実とはわれわれに向ひ合つてそこにむつつりと場所を占めてゐる何物かではなくて、われわれの頭上に拡がりわれわれをつつむ空間そのもののことである。

そもそもヨーロッパで薔薇の花がもてはやされるのに対して、日本では桜の花が尊ばれるのは、両者の眼のむかひ方の相違を象徴してゐるやうに思はれる。薔薇の花は、棘《とげ》と輪郭に堅く守られて、はるかかなたからその光学的な美をわれわれの視覚に伝へる。薔薇の花に、人は「面と向ふ」ことはできるが、包まれることはできない。

それに対して桜の花は、花曇といはれるやうな空の下に枝といふ枝が重るほどの花の盛りの桜並木を行くとき、花といふよりはなにかうす紅色の雪景色に迷ひ込んだ心地がする。その夢心地こそが桜の花の美しさである。それは曖昧を好むといふ風なそれこそ曖昧なことではない。われわれにとつてすべてはそのやうに空間となつてわれわれを包むとき初めて現実となるのであり、花の美しさもまた一つの現実である以上、その通りの形をとるのである。

かうしてみると、「クールベー伝来のレアリスムの匂ひのせぬこと」は『細雪』にとつては極く自然なことであり、もしもここにそんな「匂ひ」がしたならば、この小説のここかしこに漂ふ「現実」といふあのほのかな香りは失せてしまふに違ひない。ここでの「現実」は「立体感」だとか「細描」だとかいつたこととは関はりのない形をしてゐるのである。

それではここでの現実といふものは、夢の中に霞を見るやうなぼんやりと手応へのない世界なのかと言へば、決してさうではない。ここにも絶えずわれわれの心を喚び起す「もの」がある。ただそれは先ほどのデカルトが表現したやうな「物体（res）」ではなくて、そもそもの在りやうが全く異つたものである。先ほどの評論家が『細雪』の文章を「物それ自体の手ざはりの全然感ぜられない種類の叙述である」と評するのも、「物体（res）」のみを「もの」と見慣れた目には、この小説のそこここにうずくまつた「もの」のむれが映らないからに相違ない。しかし、視界にはめ込まれた枠をはずし、ふたたび自らの目にもどつて眺めれば、現実のものでなければあり得ないあの生々しい手ざはりを残す「もの」を、至るところに見ることができるはずである。

たとへばこの小説の始めのはうに、幸子の娘悦子が「ウサギノミミ」と題する綴方を書いたところがある。

コノ前ノ木エウ日ノコトデシタ。朝学校へ行ク時ニゲンカンヘ出テミマシタラ、ウサギノミミガ、一ツダケピント立ツテキテ、一ツハヨコニタオレテキマシタ。

私ハ「オヤ、オカシイナ、ソツチノミミモ立テナサイ」トイヒマシタケレドモ、ウサギハシランカオシテヰマス。私ハ「ソンナラ私ガ立テテ上ゲヨウ」トイツテ、手デ立テテヤリマシタガ、手ヲハナスト、スグマタパタリトタオレテシマヒマシタ。私ハネエチヤンニ、「ネエチヤン、アノウサギノミミヲ立テテ下サイ」トイヒマシタノデ、ネエチヤンハ足デウサギノミミヲツマンデ、立テテオヤリニナリマシタ。シカシネエチヤンガ足ヲオハナシニナルト、ソツチノミミハマタパタリトタオレテシマヒマシタ。……

ここに現はれた兎の姿は、可愛らしいのでも道化てゐるのでもない。この、片仮名書きのためにいつそう稚くひびく文章が読む者に伝へるのは、一種独特の無表情とも言ふべきものである。それは無表情といふ一つの表情であつて、そこに何かが堅く封印されてゐるといふよりはむしろ、そこから漂ひ出るものが如何とも名付け難いためにそれを「無表情」と呼ぶより他ないやうなものである。

作者自身はその様を語つて、

兎はたゞ赤い眼を見開いてゐるだけで、何を話しかけてもまるきり手答がないので、犬や猫とは大分工合が違ふなあと云つて、大人たちは皆可笑しがつた。そしてどうしても犬や猫のやうには人情が添はず、人間とは全く関係のない、何かピクピクした奇妙な存在であると云ふ感じしか湧かなかつた。

といふ。この「何かピクピクした奇妙な存在」こそが『細雪』における「ものの手ざはり」である。そしてさうしたピクピクとした手ざはりを残す一つの無表情そのものがここでの「もの」の本体なのである。それは「ある形によつて限られ」てもをらず、「場所によつて囲まれ」てもをらず、かへつてそこから漂ひ出るものによつてその場所を造り上げてゐる何かである。ここでは輪郭の中に閉ぢ込められたもののみが「もの」なのではない。むしろ輪郭の外に漂ひ出したものが「もの」なのである。『細雪』のあちこちに、まるで意味なくただ作者の気まぐれにまかせてちりばめられたかと見える挿話は、実はたいていさうした「もの」の手ざはりをしのばせてゐる。ラヂオで謡曲の鼓の音がぽんと鳴るたびにピンと動く飼猫鈴の耳の話もさうであるし、真夏の座敷へ舞ひ込んできて女達を右往左往させる蜂の話もさうである。あるいは三姉妹が貞之助に連れられて與兵鮨を食べに行くつぎのやうな情景のうちにも「ピクピクした奇妙な存在」はのぞいてゐる。

雪子は此処へ食べに来ると、外のお客達と同じ速力で食べなければならないのが辛かつた。それに、切り身にしてまで蝦の肉が生きてぶる〳〵顫へてゐるのを自慢にする所謂「をどり鮨」なるものが、鯛にも負けないくらゐ好きなのではあるが、動いてゐる間は気味が悪いので、動かなくなるのを見届けてから食べるのであつた。

「その動いてるのんが値打やがな」

「早よ食べなさい、食べたかて化けて出えへんが」

さうして幸子が、むかし焼鳥屋で食用蛙を殺すときの声を聞いて青くなつた話などするのを、

「あゝ、その話止めて、――」

雪子はさう云つて、もう一度しげ〳〵と蝦の肉を透かして見て、「をどり鮨」が躍らなくなつたのを確かめてから箸を取つた。

谷崎氏は生前たいそうな美食家であつたことが知られてゐて、この「與兵」の場面でも作者が食べるといふことに冷淡ではなかつたことが感じられる。しかしここの文章を眺め直してみると、これは美味しいものをただ美味しさうに書いた文章ではない。そもそも書かれたものが美味しさうに見えるためには、それが確かに「もの」となつてわれわれの食欲をそそるのでなければならないけれども、それをつきつめて食べ物があまりにも生々しい「もの」になつては、美味しいよりもまづ食べることが憚られる。美味礼讃の文章は、その一歩手前のほど良いところで立ち止つて、食べ物の「もの」であることにうすい衣をかけるのである。ところがそれが、この半透明の肉をぶるぶると顫はせてゐる蝦の鮨では、その美味しさうであることが真に迫つて美味しさうであることを追ひこしてゐる。われわれはここから、美味なものの後味を感じるといふよりも、ひくひくと躍る何物かが不意に触れたといふ感触を味はふのである。

ここにいはゆる「象徴」などといふものを見出さうとしても意味がない。もともと象徴といふものは、それが単に具体的で現実的なものであるといふ以外の何か別の意味を担つてゐることで象徴となるのに反して、ここでは、さういふ生々しいものが生々しく現はれてゐる、といふことがあるきりなのである。蝦の肉にしてもウサギノミミにしても、それが具体的で現実的なものであるといふ以上の意味はなく、又それ以上の意味を求めてはならない。それが何の象徴であるかなどといふ具合に頭を働かせ始めれば、それが現にそこに生々しく現はれてゐる様からそれだけ目がそれることになり、さうなれば、一つの小説を読むといふことが荒筋を読むことに近くなる。そしてそこにはもう小説はない。

もう一つ、さうした「ものの手ざはり」をこの小説に与へてゐるのが「病気」といふものである。あまり人が注目しないことではあるが、『細雪』には実に多くの病気が登場する。ざつと上げてみただけでも、脚気、黄疸、皮膚病、流産、大腸カタル、腎臓病、神経衰弱、猩紅熱、中耳炎、脱疽、赤痢その他と、よほど大きな総合病院でもなければ処理しきれない多種多様の病名である。それがさほど人の注目をひかないのは、これらの病気がそれぞれ特別の意味――ひと昔前の肺結核がもつてゐたやうな特別の意味――をもつてゐないためであらう。登場人物達は、われわれがふつうにわれわれの暮しの中で病気をする通りに、罹《かか》れば苦しみ、直れば安堵し、或は直らずにただ死ぬ。読む者もことさらここに病気が登場してゐるとは気付かない。或る人が『細雪』を西洋人に読ませたところ、これを「医学小説」と評したと呆れてゐたが、さうやつて改めて驚くほど、ここでは「病気」が目立たないのである。

けれどもこの目立たない数多くの病気は、『細雪』のなかでやはり目立たない、しかし大きな役割をはたしてゐる。ちやうど自分自身の体といふものが、病気になつてはじめて、そんなものがあつたのかと気付かれるのと同じく、病気を通じて、登場人物の体は息もすれば血も通つてゐる「もの」となつて現はれてくるのである。

たとへば、

決して猫背ではないのであるが、肉づきがよいので堆く盛り上つてゐる幸子の肩から背の、濡れた肌の表面へ秋晴れの明りがさしてゐる色つやは、三十を過ぎた人のやうでもなく張りきつて見える。

と語られた幸子の姿は、たしかに手を伸ばせば触れられさうで、触れれば肌のぬくもりが感ぜられるに相違ないけれども、やはりこれは一幅の絵であつて、絵を眺めるのにふさはしいしばらくの距離がたもたれてゐる。しかしその幸子が、流産の後の体を押して雪子の見合ひに列席するところでは、

それに、案じてゐた通り、背の高い堅い食堂の椅子に腰掛けてゐるのが工合が悪く、その不愉快を怺へるのと、粗相をしてはと云ふ心配とで、直きに気分が塞いで来るのを、どうにも仕様がなかつた。

といふ何でもない文章ひとつで忽ち内臓のある人間になつてゐる。内臓があるといふことをわれわれは解剖してみて知るのではない。かうした微妙な不愉快を通じてわれわれは内臓とつき合ふのであり、そしてここではそれが半ばはわれわれの不愉快となつて、われわれの内に幸子といふ内臓のある人間を住まはせるのである。

しかしそれがもつとも極端な形であらはれるのは板倉といふ、妙子の愛人になる男の場合である。

「あの男は頑丈な体をしてゐるけれども、何処か薄命の相があるやうに思へる」と幸子が夫にもらしてゐる通り、この板倉といふ男は洪水の中から妙子を救ひ出して活躍したりする割には、なにか生きた人間といふよりもベニヤ張りの印象を与へる。ところが皮肉なことに重病に侵されて病院の寝台に呻吟しはじめたときから、板倉は生々しい「生きてゐるもの」に変貌するのである。

幸子は此処へ這入つた時から、その病人が、低い、しかし非常な早口で「痛い〳〵〳〵」と一秒間の休みもなしに云ひつゞけてゐるのを聞いたが、それは彼女が妙子の紹介で病人の両親や、嫂や、妹などゝ挨拶を取り交してゐる間ぢゆうさうであつた。

この「痛い〳〵〳〵」といふ絶え間のない低い声は、ウサギノミミや蝦のをどり鮨と同じ「何かピクピクした奇妙な存在」である。ものの手ざはりである。

幸子は、あの板倉の何処を押せばかう云ふ卑屈な音《ね》が出るのかと、不思議な気がして、又改めて病人の姿をしげ〳〵と眺めた。病人は左の脚の位置を一尺ほど変へ、体を少し仰向けにひねらせるのに二三分を要した。そして、姿勢が極まつたところで暫く沈黙して息づかひを整へ、呼吸の静まるのを待つて用を弁じたが、さうしながら、ぽかんと口を開けて、嘗て見たことのない怯懦な眼つきをして、その辺にゐる人達の顔をジロ〳〵見廻した。

ここでは作者の眼は、ただ生き物がそこにゐるその生々しさだけを、ちやうど蝦の肉が鮨の上でふるへてゐるのを見守るやうにして見つめてゐる。それはいはゆるグロテスク趣味といふものではない。たしかに、たとへば同じ作者の手になる『武州公秘話』では、さうした生々しさが神経にひびくそのひびき方に眼が向いてゐて、かへつてそこに確かに生々しいものの在ることから視線がそらされてゐる。それがここではいたづらに神経をかきみだすことなく、ただ「もの」となつてゐるのである。

これらの「もの」には命が通つてゐて、命の通ふその「ピクピクした」律動が「もの」を「現実」にしてゐる。近代ヨーロッパの「物体」のやうに自ら動くこともできないものは、ここでの「もの」でも「現実」でもあり得ない。ここでは「精神」などといふものを想定することなしに、すでに「もの」自らが動いてゐるのである。

さうした「もの」の在り方に気付けば、それまで謎のやうに見えてゐる様々のことがただ自然であたり前のこととして現はれてくる。たとへば女の美しさといふやうな事に関しても、何一つ思ひ惑ふべきことはない。

たとへば『細雪』に登場する姉妹はみなそれぞれに美しいことになつてゐて、中でも三番目の娘雪子の際立つて美しいことは繰り返し繰り返し語られてゐる。けれども、美味なものが「もの」であつてはじめて現実を形造ることができたやうに、美しい女もまた「もの」でなければ現実といふものの手触りをわれわれに与へることができない。それで作者は雪子の姿をこんな風に描く。


彼女は餘りにも華奢な自分の体が洋服に似合はないことを知つてゐるので、大概な暑さにはきちんと帯を締めてゐるのであるが、一と夏に十日ぐらゐは、どうにも辛抱しきれないでから云ふ身なりをする日があつた。……そして、濃い紺色のジョウゼットの下に肩胛骨の透いてゐる、傷々しいほど痩せた、骨細な肩や腕の、ぞうつと寒気を催させる肌の色の白さを見ると、俄に汗が引つ込むやうな心地もして、当人は知らぬことだけれども、端の者には確かに一種の清涼剤になる眺めだとも、思ひ〳〵した。

雪子といふ女がいかに美しい女であつたとしても、作者はそのことで何一つ特別な扱ひをしてゐない。をどり鮨の蝦の肉がひくひくと動くのを見つめるのとそつくり同じ眼で、作者は雪子の痩せた体を眺めてゐる。これだけを読めば、この女は醜くて婚期が遅れたのかとさへ思はれかねない。しかし、かうして殆んど醜いのと紙の裏表を接するごとくに描かれることで、雪子はたしかに息をしてゐるものとなり、現実となるのであつて、美しいも美しくないも皆その上でのことなのである。

さう心得たうへで例へば次のやうな評を読むと、この筆者が何を思ひ違へてゐるのかがはつきりと解るはずである。

……その美化の象徴が、女主人公雪子である。作者は殆んど観音像を刻む仏師のような、憧憬をこめて、この雪子の姿を描いている。

そして、そうした眼で雪子をいわば見上げているために、作者は故意に、彼女の心理描写を行わない。……この小説で主人公は内部から照明されないで、専ら外部から、他の副人物の心理の動きからだけ、描きだされる。こうした極端な側写法というものは例がない。だから、そのようにして、半陰影のなかに浮びあがる女主人公の面影は、実に幽玄なものとなる。……

この女は美しい。多分、小説の女主人公としては美しすぎる。[注3]

もしも作者が「殆んど観音像を刻む仏師のような、憧憬をこめて」雪子を描いてゐるとしたら、「肩胛骨の透いてゐる」「ぞうつと寒気を催させる」といった表現はあり得ないに違ひない。まして当人の嫁入りが決まつて東京へ向ふ日、「下痢はたう／＼その日も止まらず、汽車に乗つてからもまだ続いてゐた」といふ結びはあり得まい。そしてさういふ表現がなくなれば、雪子は生きて息をしてゐるものではなくなり、「美しい女」でさへなくなるに違ひないのである。

しかし、ここにはもう一つの誤解がある。そしてこの誤解はあまりありふれたものなので、ほとんどの人の目に誤解とは映らないに違ひない。つまりそれは、『細雪』のなかの人々を西洋の小説の登場人物と同様のものとして眺め、分類することができるはずであるといふ誤解である。

西洋の小説に登場する女は、美しい女、尼、門番《コンシェルジュ》のおかみさんの三種類、及びその活用形に尽きる。そしてこの「美しい女」とはどういふものかと言ふと、これはそこに描かれた目の形や頬の色つや、姿形とは何の関係もない。「恋愛」といふ観念があらはれてはじめて「美しい女」といふ分類項ができ上る。すなはち、「恋愛」といふ一種の精神的エネルギーに、内からか、あるいは外からか照らし出されることで、小説の中の女は「美しい女」になるのである。

したがつて雪子のやうに「恋愛」といふものからは遂に全く無縁であつて、しかも確かに美しい女などといふものに出会ふと、無意識の内にこの分類法に従つてきた者は全く戸惑はざるを得ない。そして自分の従つてゐる分類法を反省してみるよりも、ただその登場人物を「謎」と見る。その戸惑ひがこの評者の「幽玄な」といふ言葉になり、「この女は美しい。多分、小説の女主人公としては美しすぎる」といふ述懐になつたのである。

雪子は「恋愛」と無縁である。作者が「雪子の周囲から」恋愛の機会を「注意深く遠ざけ(注4)」たりしてゐる訳ではなくて、そもそもその在り方が「恋愛」とは無縁なものに出来上つてゐるのである。或る別の評論家は次のやうに語る。

『細雪』を『源氏』の現代版などといふのは『源氏』の最大の主題である「恋」がそこではほとんど扱はれてゐないことを忘れた俗説にすぎぬと思はれます。恋は強ひて云へば、作者と女主人公たちの間にあるので、作中の女性たちは、みな姉妹といふ家族的感情に動かされてゐるだけで、幸子の夫である貞之助も、ただそれに抵触しない範囲で存在を許されてゐるにすぎません。(注5)

源氏物語のなかでの人と人を結びあはせてゐるものを何と呼んだら良いかはまた別のこととして、『細雪』についてここで言はれてゐることは正しい。『細雪』の人々を動かしてゐるものは、それが何であるにせよ「恋」といふ感情でないことだけは確かである。

しかし一体、われわれ自身にとつて「恋愛」といふものはどんなものなのだらうか。この言葉を誰もがとうから良く知つた言葉のやうにして使つてゐるけれども、これは本当にそれほど親しい言葉なのだらうか。いま語つた評論家は、「恋愛」こそが人を一人前にしてくれるものだと言ふ。

……しかし不幸にして彼女等にふさはしい恋愛の相手は、「男らしいこと」と「女人を渇仰すること」の一致によつて彼女等を子供の世界からひきだす力を持つ男性は、作者の想像力のほかの存在なのです。……したがつて、彼女たちは、三十になつても、結婚して母親になつても、心の動きは依然として子供のままです。(注6)

ところが、ありのままに『細雪』を読むと、幸子も雪子もその心の動きは決して「子供のまま」ではない。たとへば雪子は、たしかにひとりで満足に電話の受け答へもできぬ「箱入娘」として描かれてゐるけれども、実は一人前の大人であるといふことが「新聞事件」の感想ひとつにもうかがはれる。これは末娘妙子の家出事件が誤つて雪子の名で新聞に出、それを義兄が新聞社に取消を申し入れた結果、取消ではなく訂正が行なはれて妙子の名があらためて新聞に出たといふ事件である。

新聞に間違つた記事が出たのは私の不運としてあきらめるより仕方がない、取消など丶云ふものはいつも人目に付かない隅の方に小さく載るだけで、何の効果もありはしない、……兄さんが私の名誉回復をしてくれるのは有難いけれども、さうしたらこいさんはどうなるであらう、こいさんのしたことは悪いには違ひないが、年歯《とし は》も行かない同士の無分別から起つたこと丶すれば、責められてよいのは監督不行届な両方の家庭で、少くともこいさんについては、兄さんは勿論私にだつて一部の責任がないとは云へない、……

これは大人の不満である。すなはち、自分が他の人間に対して責任を負つてゐると自覚すること、そしてそのやうな形でもつて、人と人とが織りなされて生きてゐるその織り目のなかに自らを置いて考へることのできることが「大人である」といふことである。それは「ただつ子じみたところ」のあると言はれる幸子についても同じであつて、絶えず姉、妹、夫の間に立つて気配りをしてゐる姿は大人にしか見られないものである。

さうしてみると、『細雪』の人々は、恋愛などといふものなしに一人前の大人になれる、独特の出来方をしてゐると言へる。それどころか、姉妹の内では唯一人「恋愛」と関はりをもつ妙子だけがいつまでも「子供」である。同じ新聞の一件について妙子のはうは、

兄さんが雪姉《きあん》ちやんのために證《あかし》を立てゝ上げるのは当り前だけれども、私の名を出さないでも済ませる方法もあつたらうではないか、相手は小新聞なのだから、何とか手を廻せば伏せてしまふことが出来たらうものを、兄さんはさう云ふ場合にお金を吝しむからいけない、――と、此れはその時分から云ふことがませてゐた。

と言ふ。

この「ませてゐた」といふ言葉が、一言で妙子の人物を言ひ表はしてゐるとも言へて、「ませてゐる」といふ言葉は子供についてだけ使はれる言葉である。子供の在り方をしてゐる者はいくら知恵がついても「ませた子供」以上のものになることができない。そして妙子をさういふ子供の在り方に引き留めてゐるのが、実は「恋愛」なの

である。

大人と子供の違ひは、前にも言つたやうに、人と人との織りなされて生きてゐるその織り目をどれだけ大切にするかといふことで決まるのであるが、恋愛といふものはその織り目からただ二人手を取りあつて抜け出すことで成り立つ。言ふならば恋愛は大人であることから逃げ出してはじめて出来ることである。一つの恋愛事件が納まつたかと思ふとすぐまた次の男にかかづらふといふ風にして、妙子が次々と恋愛問題をおこしていくのは、言ひ換へれば大人になることから逃げつづけてゐるのだとも言へる。ここでは恋愛は、それから醒めることで以前より大人になることはあり得ても、それに陥ることで大人になるやうなものではないのである。

しかしかうした誤解がおこるのも、われわれが『細雪』を西洋の小説を読むやうにして読んでゐるかぎり当然のことであつて、西洋の人間にとつてなら、たしかに恋愛は「人間を生まれた巣からひきはなして一人前の大人にする」ものである。たとへば雄のライオンは、成年に達するともはや今まで自分を育ててくれた群れの中にとどまつてゐることを許されない。独りになつてさまよひ歩いたあげく、首尾よく戦ひに勝つて自分のハレムを持つことができたときはじめて、一人前の雄ライオンとみなされる。西洋の人間が今でも本質的にこれと同じ道を通つて、「一人前」となつてゐることは、西洋に「お見合ひ」といふ制度がつひに定着しなかつたひとつを見ても明らかであるが、実際、ほんのしばらくでも西洋に暮らしてゐると、たしかに西洋の人々が動物の一種であることを感ずる瞬間があるものである。鹿もゐれば熊もゐるし、ネズミもゐれば蛇もゐる。プルーストの言ふやうに鳥族の人々もゐる。冬になると、上にまとつたもののせゐでか、いますれ違つたのはたしかに雌狐だつたといふ錯覚がふとおこるやうな女に幾度も出会ふ。またその人人が何処へ行つても呆れるほど男女二人連れなのも、番《つがひ》でないものは一人前と見なされぬ獣の世界の掟がいまだに生きつづけてゐるのを思はせる。そしてたしかにかういふ世界でならば、恋愛といふものの欠けた一生は完全な一生でないといふ気がしてくるのである。

しかし現に『細雪』の姉妹は恋愛といふものなしに立派に成熟した姿を見せてゐるのであり、それがたまたま『細雪』といふひとつの小説の中だけのことでないのは、われわれの回りを見渡してみても解ることである。男であれ女であれ、人を一人前の人間にしてゐるのは惚れたはれたの騒ぎとは別物の何かである。さうだとすれば、われわれが西洋人と同じ性質《たち》に生まれついてゐると無理に考へるべき理由はどこにもない。むしろ、何故西洋人には恋愛などといふものが「必要」なのだらうか、といふことこそ考へてみなければならないのである。

先ほどの評論家は、恋愛とは「個性と内面の自由のないところには成立しない」(注7)と語つてゐて、そこではこれを、何故『細雪』には恋愛が存在しないのか、といふ理由として語つてゐるのであるが、実はこの言葉はむしろ、何故西洋人には恋愛などといふものが不可欠であるのか、といふことの答へを語つてゐるのである。

われわれはふつう「個性」とか「内面」とかを、ただ何となく有難いもの、それが無いと皆に軽蔑されるもの、といふ風にのみ思つて、それがどのやうなことであるのかと本気で考へてみることがない。もし本気で考へてみたならば、これらの言葉を今までと同じ口調で使ふことはできなくなるはずである。

「個性」にしても「内面」にしても、その言葉のうしろにはキリスト教といふものがある。そもそも宗教はどれも、自分が自分であるといふことを何か絶大なものにあづけ渡すことで成り立つてをり、キリスト教も例外ではない。但しキリスト教ではそのことが一種独特の形でおこるのである。すなはち、キリスト教徒は自らが自らであることをあづけ渡すのに、文字通りに時間の終りまで待たねばならない——最後の審判の日が来るときまで、人はそれぞれ「この私」で居なければならないのである。「不滅の魂」といふだけのことならば、たとへばギリシアの人々もさういふものを考へてはゐた。けれども、その魂はめぐりめぐつて犬にも宿れば馬にも宿るものであつて、この魂の犯した罪をそつくり背負つたまま時間の終りまで「この私」で居なければならないといふのはキリスト教に独特のことである。

考へてみればこれほど恐しい監禁はないとも言へて、それがいかに恐るべきものであるかと言へば、決して抜け出すことのできぬ檻の中に終身刑を言ひ渡された囚人が、せめて死ねばそこから出られるかと思へば、死はただ皮を一枚脱ぐことでしかなくて、それを脱いだ自分は相変らずその檻の中に居る、といふ事態を想像してみればよい。さういふ事態が「内面」と呼ばれるものなのである。

「個性」といふこともまた、そこまでの意味をもつものと理解しなければならないので、よく俗にただ顔立ちがちよつと人とかはつてゐるのを「個性的」といふ類は、この「個性」とは何の関係もない。これは文字通り「個」であること、そのやうな「内面」の内にたつたひとりで監禁されてゐることをさすのである。

キリスト教徒であるといふことに伴ふその恐るべき事態に気がつくとき、人ははじめて「恋愛」を必要とする。もともと人間は独りでゐることがそれほど上手な生き物ではないから、そのやうな厳しい孤立のなかを最後の審判の日まで端然と待ちつづけるといふことはなかなか出来ることではない。最後の審判の日に神に救はるべき魂は、それを待ち切れずに、同じ切実さで現世の内に救はれようと求めるのである。

但し恋愛は神と人とがするものではなくて、同じ惨めな人間同士のすることであるから、言はば空中で互が互の首筋をつかんでぶら下げ合つてゐるやうなものである。遅かれ早かれ墜ちるに決まつてゐる。さうして、人間といふものは恋愛をしたにせよしないにせよ、どちらにしても惨めなものだと悟ることでキリスト教徒は「大人」になるのである。

何十世紀もの間さうした苦労を重ねてゐれば、人の心は次第に「個性」とか「内面」といふ形をとらざるを得なくなり、また恋愛といふもの無しでは居られなくなる。われわれがさうでないことは、ただその偶々の幸運を喜ぶべきことである。『細雪』の人々はわれわれと同じく「個性」も「内面」も持たず、またそれを持つてゐるかのごとき錯覚も持たない。さういふ人々が恋愛と無縁であるのは、一つの欠陥ではなくただ健全のしるしなのである。

「内面」のないといふことは、すなはち「心理」がないことである。「心理」といふ言葉は、人間のひとりひとりが「外」とは厳然と区別された密室をなしてゐるものといふ前提のうへではじめて意味を持つ。ちやうど物体が「ある形によつて限られ、場所によつて囲まれ、他のすべての物体を排するようなふうに空間を充している」と言はれるのに応じて、精神もまた「我思ふ」といふ完全な「個」の中に閉ぢこもる――その時に「心理」といふ言葉が現はれる。したがつて、「もの」に輪郭がないのと同様、精神もまた「内面」に閉ぢ込められてゐないところでは、「心理」といふ言葉に意味がなくなるのである。

先ほどの評論家の言ふやうに、「作者は故意に、彼女（雪子）の心理描写を行わない」とすれば、それはもともと雪子に心理などといふものがないからである。雪子ばかりではない。この小説の人々には一切「心理」はないので、たとへば次のやうに長々と描かれる心の動きも「心理」なのではない。

貞之助は何となく不愉快さが込み上げて来るのを、顔に現はさないやうにするのに骨が折れた。今日は幸子が体の支障を堪へ忍んで、多少危険を冒しつゝ出席するのであることは、昨日から通告してあるのだし、さつきからたび〳〵それを匂はしてゐるのに、陣場夫婦はさう聞かされながら、一言半句も見舞や同情の言葉を吐かないのが、何より貞之助は不満であつた。尤も今日は縁起を担いでわざとそのことに触れないでゐるのかも知れないが、それにしても、蔭で幸子を労はると云ふ心持を示してくれてもよさゝうなものだのに、あまりにも気が利かな過ぎる。或はそんな風に思ふのは此方の身勝手と云ふもので、陣場夫婦の気持では、自分達の方こそ、今までに何回も延期々々で引つ張られて来たのだから、此処へ来てそのくらゐな犠牲を払つてくれるのは当り前だ、と云ふ腹があるのであらうか。ましてこれは誰のためでもない、此方の妹のためであつて、陣場夫婦は親切づくでしてゐるだけのことなのだから、向うにすれば、姉が妹の見合ひのために体の故障を忍ぶぐらゐが何であらう、それを自分達に恩にでも着せるやうに云ふのはお門違ひである、と思つてゐるのであらうか。……

これは、幸子の夫貞之助が、義妹の雪子の見合ひの席で、その斡旋をしてくれた陣場夫人を前にして抱く感想である。ここでも、人の心の動きはたしかに外からは見えないものである。外から見えぬものであるから、貞之助が自分の不愉快を「顔に現はさないやうに」隠すこともでき、また逆に、外にはぢかに現はれてゐない陣場夫妻の気持をあてあらうか、からであらうかと忖度もする。しかしながらこれは「心理」ではない――と言ふのも、心理には自己といふ震源があるのに対して、ここでの心の動きには、そもそも震源といふものがないからである。

貞之助に「何となく不愉快さが込み上げて来る」のは、貞之助の「内部」から発するものの所為ではなく、ただ相手の気の利かなさと非常識に対する自然の反応にすぎない。その不愉快を顔に現はさないやうに努めるのも、それがまた人と人とのつき合ふ礼儀といふものだからである。

たとへば『ドルヂェル伯の舞踏会』といふ小説のなかで、主人公の青年が偶然に自分の腕をドルヂェル伯夫人の腕の下にすべり込ませる時には、二人の心持はこんな風に描かれる。

……ドルヂェル夫人もこれが機械的な身振だと気づいた。こだはると思はれたくないので、彼女も自分の腕をひつこめずにゐた。フランソワ・ド・セリューズは、マーオのデリケートな気持を察すると同時に、それを誘ひだと誤解してはいけないと思つた。二人は妙に窮屈な気持で身じろぎもしなかつた。(注8)

ここでの心の働きは、礼儀といふものの上をただ丹念になぞつて往復してゐるやうでゐて、かへつてその往復の下にあつて二人が認めようとしない心の「内部」をくつきりと透かしてゐる。「妙に窮屈な気持」はそこから生じてくるものであつて、さういふ、礼儀のやり取りとその下に隠れて沈黙してゐるものとの葛藤が、ここでの「心理」と呼ばれるものである。

それと較べれば、この見合ひの席での心の動きが「心理」でないといふことは明らかであつて、ここで動いてゐるのは「心理」ではなくて「世間」である。「世間」といふものが貞之助の位置を借りてもの事を眺め、判断してゐるのである。

そのことが、『細雪』は「世俗的」なばかりであるとか、「空疎」であるとかの誤解を招くことにもなる。たしかに『ドルヂェル伯の舞踏会』でのやうに人の心が動くところでは、ただ礼儀の上をなぞつただけでその底に何もない心の動きなどといふものは「空疎」でしかないに違ひない。そこでは「世間」といふものはいつも何かただ真実を覆ひ隠すものでしかない。

けれども人それ自身がはじめから「世間」であるとしたら——その時には「世間」を描くことが人を描くことであり、「世間」に目を向けることが真相を見ることとなる。

まづはじめに「個人」といふものがあり、それがより集つて「社会」といふものを形造つてゐる、といふ考へ方からは、「世」といふものは解らない。「世」といふ言葉は一国の一代のことを言ひ、人と人とのつながり合つて暮らす全体のことを言ふと同時に、ひとりの男とひとりの女の間柄のことでもあり、また人ひとりの生涯のことでもある。人はすでにみなそれぞれ「世」といふ在り方をしてをり、それが集つてやはりまた「世」といふものになつてゐるのである。この融通無礙の人の姿を思ひうかべるのには、われわれが昔から造り住んできた家の形を思ひおこしてみればよい。これは多くの閉ざされた部屋が集つて構成した家ではない。全体が一つの大きな空間とも言へて、けれどもそこを様々に仕切る障子や襖や屛風は、それぞれの時と場合に応じて、それをどのやうにも切り取ることができる。そしてまた、家と外とはあの縁側といふものによつて、途切れるでもなく、つながるでもなくして続いてをり、嵐がくればわれわれは忽ち雨戸を閉ざす——さうした家に住むうちにわれわれの造りもそれに似て来たのだか、それとも人はもともと自らに似たものしか造らないのだか、すでに知ることはできないが、ただ、われわれがさういふ形をしてゐるといふことは忘れてはならないことである。

「世」といふこの言葉をさらに考へてみると、これはもともと時をあらはす言葉である。十を三つ書いてその横棒をつらねて伸ばしたのが「世」といふ字のもとの形をしてゐて、つまり十年が二十年、二十年が三十年と伸びてゆくさまが「世」なのである。三十年を一区切りとしてその間に生まれたものを「一世代」と呼ぶのも、また過去、現在、未来を称して「三世」と言ふのもこの字本来の意味による。

そして実際に、『細雪』に登場する人々は結局のところ「時」である。時が人の上を流れて行くのではなくて、人が時となつて移ろつてゆく。

或る評論家はさうした姿を次のやうに批評してゐる。

『細雪』の世界の住人たちには、たしかに、時間の推移の感覚はある。しかし、それは推移であつて、堆積ではない。堆積はずつしりとした重さをもつとき、歴史の感覚を形成するだろう。しかし、この世界では、時間は堆積をかたちづくるまえに流れてしまう。(注9)

時が、時でないものの上に時の記録を刻みつけようとするのが「歴史」と呼ばれるものである。時が「堆積をかたちづく」り、「ずつしりとした重さをもつ」のは、何か時ではないものが時を通じて在りつづけると思ふからである。『細雪』の時が堆積をかたちづくらないのは、そこでは人がすでに時であり、時でないやうなものは唯のひとつもないことの証拠に他ならない。

ただしそれは単に『細雪』といふ一つの世界の中だけのことではなく、かう書いてゐる評論家自身もまた、他のすべての日本人と同じく、すべてを時として生きてゐるといふことを忘れてはならない。

われわれは誰も「歴史」などといふものを知らない。もしわれわれが「歴史の感覚」などといふものを持つてゐたとしたならば、われわれを文字通りに皆殺しにしようと志し、東京大空襲の一夜だけで十万といふ非戦闘員をただ殺すために殺してのけた当の相手に対して、戦後あれほどにこやかに振舞ひ得たことであらうか。人は「平和憲法」などといふものひとつでそんなことのできるものではない。

「敵《かたき》を討つ」といふ言葉はたしかにわれわれにもある。大空襲を受けた焼跡の、まだ脂がくすぶつて燃えてゐる死骸のかたはらには、「この敵はきっと討ちます」と黒々と書かれた白木の杭が立てられてゐたといふ。けれどもそれもまた一つの時の姿でしかなかつた証拠《しるし》には、われわれはやがて、自らの父を射ち母を焼き殺した者共を客に招いて嬉々としてもてなし、彼等の唱《うた》を唱ひ、彼等に倣つて自らを装つた。そして誰ひとりそれを屈辱と思ひもしない。事実、それは屈辱ではなくて、ただ、われわれがすべてを時と心得る民であつたといふにすぎないことなのである。但しそれが屈辱でもありうることに誰ひとり気付かぬことを屈辱と思ふことはあり得て、さういふ人は自らの腹をかき割つて憤死する。それも又ひとつの時である。

たしかに、すべてが時であるやうな在り方をしてゐる人々は、時として浅薄のやうにも見えかねない。惜しくもほんのちよつとした不注意から二人目の子を流産した幸子は、その時には、恐らく自分は何年立つても、あゝ、今頃生きてゐたら此のくらゐになつてゐるのになあと思ひ〳〵して、いつ迄も忘れられないであらう。大方此のことが一生癒やし難い悔恨となつて附き纏ふであらう。

と思ふのであるが、実はこのことも決して「悔恨」としては残らない。その春の花見で「赤児を抱いた人に行き遇はす毎にはつと眼を潤ませ」るのも、一周忌がくれば不意に想ひ出して涙をこぼすのも、人の心の底に巣喰つて絶えず苦い汁をしみ出させるあの「悔恨」といふものではなくて、ただいつとき哀しみが甦つたにすぎない。その証拠に明くる朝にはまた「夜中に泣いたことなど忘れたやうな顔をして」ゐるのである。

しかしそれは、幸子の哀しみが浅薄なのではない。すべてが時であるとき、人の哀しみはさういふ形をしてゐるだけのことなのであつて、ちやうど冬には冬が来るやうに、哀しみもまためぐり来ては去つてゆくのである。

結局のところ「現実」といふ名で呼ばれるものはすべて時である。先ほどから「もの」は輪郭の中に閉ぢ込められるものではないと言ひ、心は「内面」を持たないと言つてきたそのことも、「すべてが時である」といふ一言なしには、何の意味もない言葉でしかない。現実を現実としてゐるものは何かと問ひつづけるとき、人は不意に「時」といふものに遭遇する。桜の花が頭上にひろがつてそれを見上げるとき、その現実を現にいま在るものにしてゐるのは、ひとつひとつの桜の花びらでもなければそれを眺めてゐる自分の心ひとつでもなく、この「今」といふ時である——それに気付くとき、ものは「実体」でなくなり心は「内面」をもたなくなる。

さうなつたときにたとへば恋は、「個性」とも「内面の自由」とも関はりのない「世の中のこと」となる。恋を知つて「もののあはれ」を知るやうになるのは、恋もまた時そのものであり、うつろひそのものだからである。それ以上のものでなく、また以下のものでもない。

ひとたびそのことに気付くなら、現実はすべて時であり、時の他に何が在るわけでもない。その外に何かが在ると思ふとき、その思ふこともまた時なのである。

かうして『細雪』といふ小説は、すべてが時であるといふものの在り方のうへに出来てをり、われわれがこれを読んで「時」の印象を受けるといふことも、それをはなれてあることではない。しかし或る人も言ふやうに「ただ時間がたつて行つたと書くだけでそれを我々がさう受け取るといふものでは」(注10)ない。文章と、それによつて流れ始めるひとつの時間との間には、目に見えぬ糸が絶えずぴんと張りつめてゐる。そしてその張り加減を塩梅して片時もそれをゆるませないのが小説といふ術のすべてであると言へて、それがどれほど力の要ることであるかは、谷崎氏が『細雪』を書いてゐて終り近くには余程の疲れを覚えたと言つてゐることからも解る。但しさうして出来上つたものには、それに込められた労力を思はせるものは何もない。もしあつたとしたならば、それはそこに費された労力が効果を上げなかつたといふことであつて、力がすべて完全に何物かに形を変へてはじめて傑作といふものが生じるのである。

　したがつて、文章といふものがそこにつくり出す「時」はどうやつて流れ出すのかといふ秘密は、読むものの気付かぬところでおこつてゐるのであり、またおそらくは、書く者自身でさへも気付かぬところでおこつてゐるのである。

「こいさん、頼むわ。――」

『細雪』はひとりの女の声に始まつてゐる。そしてこの始まりは、この小説の最後まで変らぬ文章の特徴をしめしてゐて、それは「会話」といふ文章である。

会話といふ文章の形では、作者はそれを喋る人物のかげにすつぽりと隠れてしまふ。もともと作者には、自分の心の赴くにしたがつて描くものを狙ひ、それを上から見るか下から見るか、十行で描くか一語で飛びこえるか、自由自在の権限が与へられてゐるのであるが、文章が会話といふ形をとるとたんに、その自由は登場人物のものとなつて、作者はただそれを後から秘かに操るだけとなるのである。

『細雪』では物語の全体が、この「会話」の構造をなしてゐる。見た目には会話の形をなしてゐないところでも、作者は登場人物のかげに隠れ、人々のその時その時の気がかりと気遣ひを借りて言葉をすすめてゆく。したがつてどの人のどのやうな気がかりとも無縁な「客観的描写」なるものは『細雪』にはない。

離れの書斎に逃げ込んでゐた貞之助は、四時が過ぎてもまだ女達の支度が済まないらしいので、そろ〳〵時間を気にしてゐたが、ふと、前栽《せんざい》の八つ手の葉の乾いた上にパサリと物の落ちる音がしたので、机に凭つたなり手を伸ばして眼の前の障子を開けて見ると、ついさつきまで晴れてゐた空がしぐれて来て、かすかな雨の脚が軒先にすい〳〵と疎らな線を引き始めてゐた。

ちよつと見には何か写生文のやうにも見えるこの文章も、詳細に読んでみれば「客観的描写」とは根本の成り立ちの違ふことが解る。客観的描写とは、描く当の物事がその場に及ぼす一切の力の届かぬ地点にあつてそれを描く、といふことであるが、ここでの作者は決してそのやうな所には居ないのである。作者は、これから見合ひの席に連れて行くべき女達の支度を待つ一人の男の身になつてものを眺める。聴覚も視覚も、ここでは、これからなすべきことがあつて待つてゐる者の仕方で働く。それだから今見たものの雨であることが解れば、なほものんびりと雨を観賞してゐることはあり得なくて、文章の速さも同時に変る。

「おい、雨やで」

と、貞之助は母家へ駈け込んで、階段の途中から怒鳴りながら化粧部屋へ這入つた。

『細雪』の雨は、ただ見とれるための雨でもなく、訳もなく登場人物を涙ぐませる雨でもなく、また何かを象徴する雨なのでもない。これは降れば傘をささねばならぬといふ雨であり、つまりわれわれの上に降るのと同じ雨である。

「自動車云うてないのんなら、今直ぐ云うとかないかんで。五時十五分頃に間違ひなく云うて。――僕、雨やつたら洋服にするわ。紺背広でえゝやろな」

そして作者は、そのままこの場の手配や気遣ひそのものになる。

いつも俄雨があると、蘆屋ぢゆうの自動車が引つ張り凧になるので、貞之助の注意で直ぐに電話をして置いたのであるが、三人の身支度が出来上つて、五時十五分が二十分になつても、車は来てくれないし、雨はいよ〳〵激しくなる。あるだけのガレーヂを呼び出して見るけれども、今日は日が吉いので結婚が何十組もあるのと、生憎雨が降り出したのとで、皆出払つてをりますから帰りましたらお廻し致しますと云ふ挨拶である。……とかうするうち六時五分前になつて漸く車が来てくれたが、折柄土砂降りに降り出した中を運転手がさしかける番傘に送られて順々に一人づゝ走つて行きながら、したゝか襟元に冷たいしぶきを受けた幸子は、車内に納まつてほつとすると同時に、さう云へば雪子の見合ひと云ふと、此の前の時も、その前の時も、雨が降つたことを思ひ出してゐた。

ここでの「車は来てくれないし」といふ言ひ方は、作者のこの場面に占める位置をはつきりと表はしてゐる。この「くれない」といふ言葉は、言葉を発する者がその出来事の外側に居るときには決して語られない言葉である。これは、書く者が書かれてゐることについて直接に気づかつてゐることを示す言葉である。したがつて、車が漸く「来てくれ」て、人々が車内に納まつてほつとする時、作者もまたほつとすると同時に、それまで作者を出来事の内にしばりつけてゐたものも緩むことになる。

「雨が降つたことを思ひ出してゐた」といふこの段の最後の一行では、作者の声はすでにあの誰のものでもない声にもどりかけてゐる。しかしもどると同時にここでのひとつづきの時間は幕を閉ぢて、次の時間がまた始まるのである。

このやうな文章では、文章に描き出された時間を歩ませるものと、文章それ自体を歩ませるものとが同じである。時間を歩ませるものは時計の針ではなくてそれを気遣ふわれわれの気がかりだからである。車はまだ来てくれぬかと気を揉み、車を催促し、手配するその気がかりが時間といふものの推進力である。そして文章がその気がかりに同化することによつて、その同じ時間が文章をおし進めてゆく。

「客観的描写」と呼ばれるもののなかでは、時間は文章のむかう側で経つてゆく。先ほどは眩しかつた陽射がすつかり傾いて弱々しくなつてゐたり、黒々としてゐた髪が純白になつてゐたりすることで、「客観的描写」は時の経つたことを見分け、われわれに伝へる。しかし時間の歩みそのものを文章が分かち持つことは「客観的描写」には許されてゐないのである。

このことは、いはゆる「私小説」と呼ばれるものにおいてはいつそうはつきりとした分離となる。そこでは「私」といふ言葉、或はそれに準じた名前によつて、書く者と書かれてゐる者とが一致してゐるやうにも見えるが、詳細に見ればむしろ逆なのである。

「私」といふ言葉は、人の口から発せられる時には、たしかに語る者と語られる者とが同一であることを示す言葉であるが、それが書きつけられた途端に、書く者と書かれた者との間には「時間」といふすき間が入り込み、同一性は崩されてしまふ。すなはち、書かれた言葉「私」からすれば、作者とはかつてそれを書いた者にすぎず、また作者からすればそこに書かれた「私」はかつてさうあつた私にすぎない。さうしてそこに描かれた出来事も、「私」といふ言葉のために、いつそう「この現在」から区別されたものとして取り残されるのである。

　それに対してこの『細雪』の文章では、作者の姿はかき消えてゐる。それも「客観的描写」のやうに場面の外にかくれるのではなく、場面の内側に消えてゐる。そのことによつて、時間は文章の外を流れるのでもなく、文章と共に取り残されるのでもなくて、読む者と共に現にいまこの時間となるのである。

　したがつて『細雪』の現実には決して「亡びしものは懐しきかな」風の喪失感が漂つてなどゐない。たしかに作者は、現実の生活の内から失はれてしまつた、あるいは失はれつつあるものを呼びもどさうとこれを書いたのかも知れず、或る意味ではさういふ「喪失感」をどこかその発端にもたない文学作品はあり得ないとも言へる。しかし想ひ懐しむ力がその追憶の手をゆるめずに想ひ懐しみつづける時には、それは現実のことのもつ確かさで流れつづける。追憶が追憶でしかなくなり、「亡びしものは懐しきかな」と呟くのは、やうやく夢が醒めかけたときなのである。『細雪』の夢は醒めない。夢それ自体が現実の形をなすことで、眠ることなしに入り込むことができ、醒めることなしに出て来ることのできるのが『細雪』の世界である。

『細雪』の世界の現実は、われわれ自身がそのことに気付かぬほど、われわれの現実そのままの姿をしてゐる。そして、普段われわれが現実の中に居るなどといふことを忘れて暮らしてゐるやうに、この小説を読むときにもそこに現実などといふもののあることを忘れてゐる。ましてその現実が何か独特の形をもつてゐるようなどといふことは、誰ひとり思ひ出さうともしない。

ここに見てきた『細雪』といふ小説をめぐるすべての誤解も、実はそこから発してゐるのである。「現実」は至るところ、どこでも同じ形をしてゐる――それどころか「現実」にはそもそも形と呼ぶべき何物もそなはつてゐないと考へる者には、自分自身の現実のもつ形すら見えてはこない。さういふ人々は、「文化」といふものを、人類共通の現実の上に各々の民族が彩色するちよつとした模様のやうなものでしかないと考へてゐる。ところが「文化」とは、実は、現実が現実となるときにとるそれぞれ独自の形のことなのである。われわれはひとりひとり、皆それだけの深さから「文化」といふものを享けて生きてゐるのであり、それを忘れるものは必ずその忘却から復讐を受ける。

われわれはいつも多くのことを忘れて生きてゐる。われわれが生きていけるのは様々なことを忘れられるからである。しかし時々思ひ出さなければならないこともあつて、『細雪』がわれわれに語つてくれることもその一つなのである。

注1　「『細雪』の序」寺田透（「寺田透作品集」より）
注2　ちくま学芸文庫「省察」ルネ・デカルト、山田弘明訳
注3　「谷崎潤一郎の女」中村真一郎（「近代文学への疑問」より）
注4　「小説と時間」寺田透（「寺田透作品集」より）
注5　河出書房「谷崎潤一郎論」中村光夫
注6　同右

注7　同右
注8　岩波文庫「ドルヂェル伯の舞踏会」レイモン・ラディゲ作、堀口大学訳
注9　『細雪』の世界」小田実（河出書房　文芸読本「谷崎潤一郎」）
注10　「作者の肖像」吉田健一（集英社「吉田健一著作集」第十六巻）

『黒い雨』――蒙古高句麗《ムクリコクリ》の雲

これは昭和四十年から四十一年にかけて『新潮』といふ文芸雑誌に発表された井伏鱒二氏の小説である。はじめは「姪の結婚」といふ題で連載されてゐたが、のちに「黒い雨」と改められた。ちやうどその題が改められた時であつたか、『新潮』誌上で二、三回読んだ記憶が残つてゐる。その時これといつた印象を受けなかつたのは、かうした小説は途中の断片だけを読んでも真価が伝はらないためもあつたであらう。が、何と言つても読む方の眼が未熟だつたせゐである。その時はただ、あゝ広島の原爆の話か、と思つた切りで、それも正確に言へば「思つた」のでさへない。たださう片付けて忘れてしまつたのであつた。

年を経て、一冊の本になつたものを読んではじめて、ここに一生つき合ふに足る小説のあることに気付いた。

『黒い雨』を読んでゐて感じるのは、そこに書かれたことが、どれも本物の出来事だ、といふことである。閑間重松とシゲ子夫妻に姪の矢須子といふものがゐて、三人が熱く烟る焼跡を逃げたのも、避難先の古市で、死骸を焼く煙が川原を流れたのも、玉音放送を聞いてから食べた梅干ごはんの、梅の核をうつかり二つ呑んでしまつたのも、どれもみな本当にあつたこととしか思はれない。

これは、しかし、この小説が現実の出来事を取材して出来上つたものだから、といふことではない。

たしかに、『黒い雨』は実際にあつたことに基づいて書かれてゐるといふ。この小説を書くにあたつて井伏氏は、何十人といふ体験者に会つて話を聞いたのださうで、そのことをから語つてゐる。

あんな前例のないことは空想では書けないからね。小説を書くといふより、色々態手で掻き集めるやうに資料を集めたね。

ただ皆どういふものか話したがらないんだ。それに話してゐるうちに、ある場面にくると、すつと息を吸ひ込んで絶句してしまふ。下を向いて黙り込んでしまふので、ノートをとるのが遠慮で止めたりしたことがある。

そして、その体験者達の現実に見聞したことと較べれば、自分の書いたものなどまだまだ物足りないに違ひないので、本当は「もつともつと物凄いものだ」と言ふ。それでは、作者自身がその光景を実際に見聞してゐたら、できることなら作者自身が被爆者だつたなら、この小説は尚のこと「本物の出来事」に近付いてゐたらうか——さういふものではなからう。

言葉と現実との間には、呆れるほどの距離がある。身の回りに在るどんな平凡なものでもよい、何か現実の事物であるものと、あいうえおやカキクケコで出来た言葉との、その無限のへだたりを見てみれば、自分の見たことだから本物通りに書ける、自分の感じた痛さだからその通りに伝へられるといふものでないことはすぐ解る。

「自分で見たこととの千分の一も本当のことが書けとらん。文章といふものは難《いた》しいもんぢや」

から語る主人公の言葉は、文章を書く上での技術の難しさを言つてゐるのではなくて、書く、といふことをしようとする人の誰もが跳ばねばならぬ、或る深い淵のことを言つてゐる。

現実といふものは、人がそれを求めたり捜したりするまでは、在るのでも無いのでもないやうな、そんな類のものでしかない。求めてはじめて、それが手の中につかめないものであることが解る。

井伏氏も、「色々態手で掻き集めるやうに資料を集め」、多くの人々の話を聞けば聞くほど、本当にあつた事の、文字通りに想像を絶してゐることを痛感したであらう。想像が現実の間近へと迫れば迫るほど、それと自らとを距てる淵が、くつきりと見えてくるのである。話し手が「すつと息を吸ひ込んで絶句して」しまつた瞬間には、作者はおそらく、その淵の底をのぞき込む思ひがしたに相違ない。

それを跳べると解つたときが、作者が『黒い雨』を書き始めたときだつたであらう。言葉の中から現実が生じて来るとはどういふことなのか——さういふ問ひをくぐらずに出来上る小説などない。あるとすればそれは小説ではないのである。

『黒い雨』の文章は、一見してどうといふところのない文章である。一行読んだだけであつと人の驚くやうな文章ではない。しかし、読んでゆくにつれて、その勁《つよ》さといふものが見えてくる。この小説の文章は、中に盛られたものに押されて破けるといふことがない。

たとへば次のやうな文章がある。

……このあたりの道ばたの大きな防火用水タンクに、三人の女が裸体に近い恰好で入つて死んでゐた。水はタンクの八分目ぐらゐまで溜つてゐたやうだ。今度はそのタンクに決して目を向けないで通つて行かうと思つたが、見まいとしながら、ちらりと見てしまつたことは是非もない。逆さになつた女の尻から大腸が長さにして三尺あまりも噴きだして、径三寸あまりの太さに脹らんでゐた。それが少し縺《もつ》れを持つた輪型になつて水に浮かび、風船のやうに風に吹かれながら右に左に揺れてゐた。

おそらく、読む者のなかにこれと似た光景を見たことのある者は少なく、またこれからも滅多にはあるまい。それでゐて、少しも珍奇なものを見せられた気がしないのは、今のべた、文章の勁さの故である。我々はただ、防火用水に逆さにつかつた女の死体と、そこから噴き出した腸の風船を見る。酷くないのではない。酷さの極みに或る種の静けさがあつて、我々はそれが風に吹かれる音を聞く。

あるいは又、終戦の玉音放送を聞いたときのことは、こんな風に描かれてゐる。

僕の目にも涙が込みあげて来た。それを隠すため、食堂の入口にある手洗鉢で手を洗つてゐると、配膳を終つた中年の炊事婦が僕のところへ挨拶に来た。
「閑間さん、ほんとにこのたびは、どうも何でございましたなあ」と丁寧にお辞儀をした。「ほんと、あたしのやうなこんな婆あでも、口惜しうて口惜しうて、ほんとになあ何ですが、あんた」

戦争に敗けるといふことがどういふことであるかを、この一文は、人の眼の高さから、人の眼の見る通りに描いてゐる。

「ほんとにこのたびは、どうも何でございましたなあ」といふ挨拶には、イデオロギイなどといふ固《こは》ばつたものもなければ、逆上もない。ただ「敗ける」といふことの嘆息が伝はつてくるのみである。

そして、かういふ勁い文章でなければ、広島の原爆の話を書くことはできなかつたのである。

『黒い雨』の文章には、無雑作なところは少しもない。実に周到な文章である。そしてそれは、文の一つ一つばかりでなしに、全体の組立てに関しても言へることなのである。

もともとこの小説は、原爆のことを書いてゐると言つても、それを直接に描いてゐるのではない。はじめ「姪の結婚」といふ題で連載が始まつたことが示してゐる通り、話は、すでに終戦後五年近く経つて、主人公が、姪の矢須子が原爆病だといふあらぬ噂をたてられて縁遠いのを苦にしてゐる、といふところから始まる。主人公は、ちやうど願つてもない縁談が姪に来たのを機会に、世間の誤解をはらすべく、姪と自分の当時の日記を清書するのであるが、原爆の模様はその日記の中身として語られるのである。そればかりでなく、当時の台所の困窮の具合も、妻のシゲ子が和紙の便箋に毛筆でしたためてはじめて我々の目にふれることになるし、のちに登場する軍医予備員であつた岩竹氏の体験も「手記」といふ形をとつて現はれる。更にはその奥さんの談話までが「速記録」と断つてある。一口に言つて「当時のこと」はすべて「書かれたもの」といふ枠をもう一度かぶせて書かれてゐるのである。

これは、さうした記録をただ「芸もなくならべただけでは一個の長篇として迫力が弱い」と作者が思つた、といふやうな曖昧な理由によることではない。もちろん、様々に書き手、語り手の異なる文章をはさむことで、読者を楽しませる変化のついたことはたしかであつて、たとへば岩竹夫人の談話の速記録などは、井伏氏の愛読者には「お島の存念書」を彷彿とさせるところがある。しかし、「日記」「手記」といふ形式は、ただそれだけのためではない。実はこの小説では、「書く」といふことそれ自体が、隠されたテーマをなしてゐて、思ひもかけない重要なはたらきをすることになるのである。

「書くこと」は、はじめ、何気ない、罪のない顔をして登場する。

閑間重松が仲人に見せる為と言つて姪の日記を清書し始めた途中で、今度は自分の日記まで清書し始めようとするとき、妻シゲ子の目には、それは酔狂な手間仕事としかうつらない。

「そんなことしたら、また仕事が殖えるでせうが」

これに対して、「殖えてもよいわい。仕事を枝葉から枝葉へ殖やすのは、わしの生れつきの性分ぢや。この被爆日記は、図書室へ納めるわしのヒストリーぢや」と言ひ返す、駄々つ子じみた重松の言葉の背後には、またそれなりの訳がある。ちやうどその昼、重松が同じ原爆病のある庄吉さんと養魚池で釣をしてゐると、池本屋の小母はんが通りかかつて厭味を言つて行つたのである。いや、自分達は怠けてゐるのではなくて原爆病があるからかうして釣をしてゐるので、小母はんも当時は見舞に来て尊い犠牲者だと涙をこぼしてゐたではないか。さう庄吉さんが言ひ返すと、

「あら、さうな。そりやあ庄吉やん、あれは終戦日よりも前のことぢやつたのやろ。誰だつて戦時中は、そのくらゐなことを云ふたもんや。今さらそれを云ふの

は、どだい云ひがかりをつけるやうなもんや」

後家女房の勝気な小母はんは、さう言ひ置いて、目籠を片肩に掛け、重松達を尻目に立ち去つていつたのである。

世の人々はすでに「本当にあつたこと」を忘れ始めてゐる。その忘却に逆らはねばならない――それが、重松を「書く」といふことに向はせてゐる当面の理由である。その気負ひが、清書する重松を、苛立たせてもをり、張切らせてもゐるのである。

「この被爆日記は、図書室へ納めるわしのヒストリーぢや」

さう言ふ主人公にとつて、清書するといふことは、ただコピーを作るといふことではない。もう一度「書く」といふ作業を繰り返すことによつて、失はれてゆくものを甦らせ、忘却をねぢふせてやらうといふ意気込みが、この一言にはあらはれてゐる（そして主人公は、そのことの恐しさにはまだ気付いてゐない）。

「ヒストリー」を残さうといふことは、時の流れ――忘却と消滅といふ、時の力に逆らはうとすることである。主人公は「書く」といふことによつてそれをしようとするのであるが、書かれたものも、時の内に在る以上、時の作用を蒙らぬ訳にはゆかぬ。インキで書いたものは時が経つと文字が消え薄れてしまふらしい、現に自分が嫁に来たとき見せてもらつたひい爺さんの手紙がさうだつたと妻に言はれて蔵に這入つて見ると、成程、明治六年曽祖父にあてたその手紙は、文字がみすぼらしく褪せて渋茶色になつてゐる。

――陳者《のぶれば》、昨年御地小畠村巡見に際し、当方依頼のケンポナシの実五勺、此度出京の元小畠代官村田殿、拙宅迄御届け被下《くだされ》、忝く頂戴仕候。……就ては此の書面、其節の約に依り西洋の Inkt にて認め候――

この褪せうすれた手紙の文字は、重松の言ふ「わしのヒストリー」のくぐらねばならぬ時の水流の厳しさを目に見えるものにしてゐる。重松は「被爆日記」を毛筆で清書し始める。

からして『黒い雨』は、昭和二十五年の「現在」と、「被爆日記」のなかの昭和二十年八月との間を往復してゆくことになるのであるが、それはただ、現在と過去との往復ではなくて、「書かれたもの」と「現実」の間の往復である。そして、そのことが、いづれ大きな意味をもつことになるのである。

もちろん、その両方を、更に「書かれたもの」として読んでゐる我々にとつては、その違ひはほとんど意識されない。そもそもこの主人公の「被爆日記」なるものが、およそ日記らしいところの少ない日記であつて、いくら緩急式といつて暇な時に二、三日分をまとめて詳しく書くのであつても、随分忙しくもあらう避難先ではたしてこのやうな精密な「日記」が書けるものであらうか？　と疑ひ出せば、「日記」とはただ名の上のこと、とも言へる。作者は、「日記」の文章の中でも、ものごとをありありと、現実に迫つて描くといふ姿勢を、少しも変へてゐないのである。それどころか、むしろ「日記」の中で益々その筆は「現実」の間近に迫つてをり、そこに描き出される時間と空間は、現実である筈の昭和二十五年の小畠村のそれよりも、いつそう本物らしくたちあらはれてくる。

煙に包まれると危険で進めない。もし誤つて、焼け落ちた炭火に踏込んだら大火傷をする。「動くな、あぶない」と大声で制止して立ちどまり、煙が散つて行くのを待つて、見通しをつけると足ばやに歩いて行く。歩く時間より立ちどまつてゐる時間が長かつたかも知れなかつた。

矢須子が「をぢさん」と叫んで、何かにつまづいて前のめりになつた。煙が散るのを待つて見ると、その障害物は死んだ赤ん坊を抱きしめた死体であつた。僕は先頭に立つて、黒いものには細心の注意を払ひながら進んだ。それでも何回か死人につまづいたり、熱いアスファルトに手をついたりした。一度、半焼死体に僕の靴が引つかかつて、足の骨や腰骨などが三尺四方にも四尺四方にも散つたとき、僕は不覚にも「きやあッ」と悲鳴をあげた。立ちすくんでしまつた。

といふ焼跡の彷徨からやうやく抜け出て、稲田のほとりの竹藪に辿りつき、ひと眠りしてから水を呑むところは、今度はこんな風に描かれてゐる。

妻も矢須子も目をさました。太陽は西に傾いてゐた。妻は無言のまま僕から瓶を受取ると、両手に差上げ、目を閉ぢて美味しさうに飲んだ。やはり二デシぐらゐ飲んだらう。無言で矢須子の手に渡した。矢須子も黙つて両手で瓶を差上げた。一口づつ区切つて飲むのだが、瓶を逆さにするたびに気泡が湧いて、水が目に見えて少くなつて行く。少し残して置いてくれないかなあと見てゐると、二デシぐらゐ残して瓶を置いた。

先ほどは、無意識の内に息を詰めて読んでゐた文章が、ここではまた平常の鼓動のリズムに戻つて流れ始めるのを、読む者は感じる。「二デシ」といふ、無骨なとも言へる言葉の繰り返しが、むしろその水の確かにそこにあることを感じさせて、咽にしみ渡つてゆく水の味と、西に傾いた陽に透ける水の泡とを、ありありとよびさます。そして、生き延びて今ここに我が身の手足と共に在る実感、とでもいつたものをしみじみと味はははせるのである。

これはもはや、書かれたものの中の、更に書かれたものとしてではなくて、ただ端的に、本当にあつたことを本当にあつた通りに見せ、味はせ、触れさせようとする文章である。そして、このやうに、「日記」の文章の「現実」が、その具体的な手触りと、空間とをつみ重ねてゆくにつれて、あたかもそれに道をゆづるかのごとくに、昭和二十五年の出来事については、次第に、ほんの数行が日記を中断してさしはさまれるだけになつてゆく。そして、「『被爆日記』八月九日日記の続き――」といふたつた一行がはさまつたあとは、昭和二十五年といふ時間が忘れ去られてしまつたとでもいふやうに、日記だけがとぎれなく続くことになる。

以上、僕は今ではもう原爆の怖しさについて、口をつぐんでゐる必要がなくなつたので、保健婦たちのお灸のまじなひも偽りない実状として書きとめた。焼跡を歩きまはつて来た人たちの死亡率も統計的に記した。理由は、先日まで姪の矢須子の縁談が加速度的に捗りかけてゐたが、不意に先方の青乃から断つて来て、おまけに矢須子が原爆病の症状を現し始めたからである。

といふ中断があるまで、それはつづく。

矢須子は次第に視力が弱つて来て、絶えず耳鳴りがするやうになつたと云つてゐる。はじめ僕は茶の間でそれを打ちあけられたとき、瞬間、茶の間そのものが消えて青空に大きなクラゲ雲が出たのを見た。はつきりそれを見た。

　そしてこの瞬間、読んでゐる者も、「茶の間そのものが消えて青空に大きなクラゲ雲が出」るのを見る。

　冷静に考へてみれば、姪の矢須子も放射能を含んだ黒い雨にうたれてゐるのであるし、多量の放射能の残つてゐる焼跡を歩き回りもしたのであるから、その影響が後になつて現はれたところで少しも不思議はない。それにもかかはらず、矢須子のこの発病は、何かありうべからざること——論理的に不可能であるはずの出来事——がおこつてしまつたといふ印象を与へる。それは、この話の中では、原爆は日記の中に「書かれたもの」であるのに対し、矢須子は今ここに居て、縁談がすすんでをり、「バセドー氏病ではないかと思はれるほど目に艶も出た」、水々しい、現実の人間である——さういふ、存在の仕方の違ひそのものが、矢須子を原爆病から隔て、守つてきたのだからである。

　思へば、重松が「文章といふものは難《いた》しいもんぢや」と呟いたとき、彼が嘆じたのは、現実といふものを、書くことによつて甦らせるのがいかに難しいか、といふことであつた。「熱い」と千遍くり返して書いたところで、読む者の肌は熱くもならなければ火傷にもならない、といふ事実であつた。しかし実は、一方ではその事実に守られながら、「被爆日記」は清書されてゐたのだとも言へる。もしも、書くといふこと、清書するといふことが、そこに書かれたことを本当に甦らせることであるとしたらば、重松もそのやうな恐しいことを敢へてしなかつたであらう。ところが、その恐しいことが起つてしまつた——「書かれたもの」と「現実」とを隔ててゐたはずの、自明の防壁が、いま完全にうち破られたのである。

その衝撃は、同時に、そのままの勢ひで、この小説全体を「書かれたもの」としてしか読んでゐなかつた、我々にむかつて襲ひかかつてくる。主人公の座る「茶の間そのものが消えて」クラゲ雲がうかぶのと同時に、我々自身の頭上にもぽつかりと青空がひらけ、クラゲ雲がうかぶ。

これはもちろん、一瞬の錯覚である。読む者自身、さういふ錯覚をしたとも気付かずに通りすぎてしまふほど僅かの間の錯覚である。しかしその一瞬の錯覚は、「書かれたもの」と「現実」との、それまで疑つてもみなかつた区別をもはや自明《あたりまへ》でないものにするに充分である。その瞬間、我々は体験者達の「すつと息を吸ひ込んで絶句してしまふ」幽《かす》かな音を聞き、その同じ空間を呼吸する。ここまで読んできた者はもう、これを「あゝ、広島の原爆の話か」と片付けて通りすぎることはできなくなるのである。

或る意味では、この時はじめて、この小説の本当の主人公が姿を現はす、とも言へる。それまでは（はじめにつけられた題「姪の結婚」が示す通りに）、主人公は閑間夫妻とその姪の三人であつた。たしかに「原爆の話」であるには違ひなくとも、原爆はただ、八月六日の或る「出来事」であつたにすぎず、主人公達は皆、その出来事の中で右往左往してゐるのである。

横川鉄橋から見上げる「蒙古高句麗《ムクリコクリ》の雲」も、「被爆日記」の中では、まだ、恐しい光景の一つであるにすぎない。

……クラゲよりもまだ動物的な活力があるかのやうに脚を震はせて、赤、紫、藍、緑と、クラゲの頭の色を変へながら、東南に向けて蔓延《はびこ》つて行く。ぐらぐらと煮えくり返る湯のやうに、中から中から湧き出しながら、猛り狂つて今にも襲ひかぶさつて来るやうである。蒙古高句麗《ムクリコクリ》の雲とはよく云ひ得たものだ。さながら地獄から来た使者ではないか。

と言ふときも、その「地獄から来た使者」といふ言葉には、ただ比喩的描写といふ以上の意味はなかつた。

しかし、矢須子がつひに原爆病の症状を現はし始めて、「茶の間そのものが消えて青空に大きなクラゲ雲が出たのを見た。はつきりそれを見た」と重松の言ふとき、この蒙古高句麗《ムクリコクリ》の雲は、ただ一時の恐しい光景ではなく、まさにさういふ恐しい姿をした「地獄から来た使者」であつたことが明らかになるのである。それは、何時間かの内には風にふかれて、色褪せて、ただの雲になつてしまふ物理的な一現象ではない。物語の中を流れる時間をつらぬいて存在しつづけ、その存在によつて物語を支配する、といふことをもつて「物語の主人公」の定義としてよいならば、これはまさにこの物語の主人公として姿を現はすのである。

おそらく、原爆の本当の恐しさといふものは、かういうしたものなのであらう。その当初の阿鼻叫喚の地獄絵もさることながら、もしそれだけのことならば、それはただ悲惨な出来事であつたといふに尽きる。原爆と火山の爆発とは、ただその被害の規模に於いて異なるにすぎないことにならう。

しかし、原爆の恐しさと、火山の爆発の恐しさとの間には、或る質的な相違がある。そして、その相違を描き出すことができるのは、映画でもなく、写真でもなく、焼けただれた遺品でもなく、小説である。それも、このやうな周到な仕方で構成され、仕組まれた小説であつて、はじめてそれが可能となる。「書かれたもの」と「現実の世界」といふ、はじめは一見不必要にも思はれた区切りを、小説の中にしつらへることで、作者はこの「原爆」といふ不気味な主人公を出現させることに、見事に成功したのである。

かうして「恐しいもの」がつひにその姿を顕はし、「書かれたもの」と「現実の世界」との境を破つたあとでは、昭和二十五年の「現在」と、まだ清書の終らぬ「被爆日記」の時間とを隔てるものは何もない。その二つは完全にひとつづきの時間であり、そして面白いことには、その時から、今度は昭和二十五年現在のことが、（妻シゲ子による矢須子の）「病状日記」としてあらたに書き始められるのである。

しかし、ここではすでに「書くこと」それ自体の意味が変つてゐる。それはもはや、人々の忘却にさからふことでもなければ、過去を甦らせるための儀式でもなく、また、それを保存して未来に伝へることでさへない。主人公一家は、ちやうどあの焼跡を互に励まし励まし歩いたときのやうに、ふたたび、生き延びるための闘ひを始めたのであり、今や「書くこと」はその闘ひの一部となるのである。

原爆病を生き抜いた軍医予備員、岩竹氏の手記を筆記する重松は、さきに、「これは……わしのヒストリーぢや」と気負ひ立つて「被爆日記」の清書を始めたときの重松ではない。いま重松の目は、過去に向いてゐるのでも未来に向いてゐるのでもなく、現在そのものに向き合つてゐる。「文章といふものは難《いた》しいもんぢや」といふ嘆息は、いまの重松には無縁のものである。「書くこと」はいま、病人に薬を買つてくるのとかはらぬ、端的なる現在の行動なのである。

ここに至つて明らかになるのは、この小説が、何か完結した一つの世界を、いはば「現実のむかう側」に描き出さうとしてゐるのでもなければ、何か或ることを「伝へ」ようとしてゐるのでさへない、といふことである。

「被爆日記」は終戦の八月十五日の記述で終り、すぐにそのあと、ほんの一段落の文

章がつづいて、『黒い雨』全体が終るのであるが、

僕も食堂を出ると、もう一度鰻の子の遡上を見るために非常口から裏庭に出た。今度は慎重に足音を殺して用水溝に近づいたが、鰻の子は一ぴきも見えないで透き徹つた水だけ流れてゐた。

といふ「被爆日記」のしまひも、

「今、もし、向うの山に虹が出たら奇蹟が起る。白い虹でなくて、五彩の虹が出たら矢須子の病気が治《なほ》るんだ」

どうせ叶《かな》はぬことと分つてゐても、重松は向うの山に目を移してさう占つた。

といふ小説全体のしまひも、そこで何かが閉ぢられた、といふ印象を与へない。これは「ヒストリー」ではなくて、流れつづける現在であり、人がそれを読むつど、その未完の現在はそれぞれの読者の現在となるのである。

「原爆の話」といふものは、からいふ形でもつてはじめて真に迫るものとなる。しかし又、書かれたことが「書かれたもの」の枠をのりこえて我々の方にやつて来るのでないやうな小説は小説ではないといふことを思ひ出すならば、『黒い雨』を「原爆小説」とも何小説とも呼ぶ必要はない。これはただ、すぐれた一篇の小説なのである。

しかしそれにしても、この小説には、戦後の小説には珍しい、或る際立つた特色がある。それは「敵」といふものの存在である。

思へば昭和二十年八月十五日以来、我々の言語から「敵」といふ一語が姿を消した。これは一人一人の意志や嗜好とはほとんどかかはりなく、ただ端的に消えてしまつたのである。たまたま字面の上での「敵」といふ言葉が使はれてゐても、それは或る人間の集団を指す代名詞でしかないことが多い。

たとへばこの『黒い雨』の中でも、被爆直後のプラットホームで重松がから呟くときには、ここに言ふ「敵」は本当の「敵」ではない。

「あそこに転がつてゐる、あの弁当を敵が見てくれないかなあ。あの握飯を見たら、敵はもう空襲に来なくてもいいと思ふだらう。もうこれ以上の無駄ごと、止めにしてくれんかな。僕らの気持、わかつてくれんかなあ」

相手の気持を「わかつてくれ」たりしないのが「敵」といふものであり、たとへ解つてもただ互に戦ふしかないのが「敵」である。

しかし、同じ場所で、同じ人間の口から語られる次のやうな言葉の内には、はつきりと「敵」といふものの認識があらはれてゐる。

「いや、よろしい。手が震へる理由、自分でもわかつてゐるんだ」と僕は、震へる手で眼鏡の玉を拭きながら云つた。「敵が、あまりにも睨《にら》みを利かしすぎるからだ。正体も知れぬ光で、僕の頬も左側を焦がした。眼鏡も左側を焦がしたからな。為体が知れぬ怖さだよ。これが即ち睨みだな」

ここに言はれる「敵」は、無用の殺し合ひを無用のことだからとて止めはせぬ敵であり、無惨にとび散つた弁当を見て心を動かされることもあり得ぬ敵である。殺すことへの情熱に於いては、生き物「よりもまだ動物的な活力があり」、あはれを知らぬことに於いては無生物よりも更に冷たいやうな存在——それがここに覗き見えてゐる「敵」である。

原爆の本当の怖しさといふものは、さきに述べた通り、ただその当座の悲惨のみにあるのではない。さらにその上、後遺症があり、時を経ての発病があり、遺伝への悪影響がある。しかし、それでその怖しさはつきるのかと言へば、まだそれだけではない。むしろ、さうした現実の様々の災厄が、すべてそれの枝葉であるにすぎないやうな、或る大きな得体の知れぬものがその底にひそんでゐる——それが原爆の怖しさを作り上げてゐるのである。もしも、原爆といふものが、ただそれのもたらす数々の災厄の総計であるにすぎなかつたとしたらば（勿論ただそれだけでもすさまじい大災厄であることにかはりはないけれども）、それは結局のところ「災害」の話といふことになる。それだけでなしに、その背後に、閑間重松の手を震へさせ、足を萎えさせた「敵の睨み」のあることが、原爆を原爆にしてゐるのである。

原爆の話を、本当に怖しい話として書かうと決めたときから、作者は「敵」といふ存在から目をそらすことができなくなつた。それどころか、その怖しさの源がまさにそこに在ることを認めずにはゐられなくなつたのである。

それはもはや、チューインガムを噛みながら上空で秒を読み、レヴァーを押してゐる、生身の人間への代名詞ではない。言ふならば、概念としての「敵」そのもの――それこそが、あの「蒙古高句麗《ムクリコクリ》の雲」なのである。

我々の民族の遠い記憶を溯つても、本当の「敵」の思ひ出は（幸ひにして）ごく稀である。異なるもの、凶なるものにして、かつ抗すすべもなく強力なもの。さういふ「敵」の記憶は多くはない。そして「蒙古高句麗の雲」といふ命名は、まさにその稀なる「敵」の記憶をよびさます命名なのである。

蒙古高句麗の雲は、ただそのまま風にうすれて消えていつてしまつたのではない。或る日突然、茶の間の空間を消し去つて、青空にぽつかりとうかぶ。我々が完全に忘れ去つてゐる間も、それは決して消滅したのではない。我々が敢へて目を向けようとはしない空の一角に、その太る脚を据ゑて「睨みを利かせ」つづけてゐるのである。

たいていの人はクラゲ雲から目をそむけてゐた。……例外としては、ただ一人、両手をクラゲ雲の方に突きだして「おおい、ムクリコクリの雲、もう往《い》んでくれえ、わしらあ非戦闘員ぢやあ。おおい、もう往んでくれえ」と繰返して金切声を張りあげる女がゐた。……はたの者はその女を振向いても見なかつた。

原文は「井伏鱒二自選全集」第六巻「黒い雨」（新潮社）による。

大東亜戦争「否定」論

「闇」から生まれた世代

自分の生まれる前と後とでは時間にはつきりとした断層があり、生まれる前の時間は「闇」である——これはどんな時代に生まれた人であつても、ひとりひとりが多かれ少なかれ、無意識の内に感じてゐることであらう。生まれるといふことは自分の時間が始まるといふことであり、生まれる前の時間はその人間にとつて、いはば「時間の始まる前の時間」なのである。

ところが昭和二十年から二十一年頃にかけて生まれた者にとつては、それは単に無意識の個人的感覚であるばかりではない。現実に自分の誕生の背後がすつぱりと闇の中に切れ落ちてゐるやうに思はれて、自分ひとりではなく回りのすべての大人達がそれを認めてゐたのである。「闇」が自分達を生んだ――これが終戦生まれの自己理解であつた（また「闇」といへば、実際、われわれは随分と闇のミルクや闇米のお世話にもなつたのである）。

その「闇」の痕跡は、まだそこここに残つてゐた。いつも遊びに行く近所の古墳墓の丘の下には防空壕の入り口が二つぽかりと開いたままで、そこに踏み込むことは堅く禁じられてゐたのだけれども（当時、子供が古い防空壕で遊んでゐて生き埋めになつたといふ事故があちこちであつた）、一度そこにもぐり込んで「空襲」といふものを経験してみたいといふ願ひは、好奇心といふよりも憧れに近いものだつた。それと言ふのも、当時は大人達の話が何かといふとすぐ戦争中の思ひ出話に戻つてゆくので、夜空に探照燈が何条も交差して、上空を行くビーニジュークを確かにとらへはするのだけれども、高射砲が届かなくて悠々と飛びつづけてゐたこと。焼夷弾が数発向ひの門前に落ちて、母は震へて心細がるのに父は勇んでバケツをつかんでとび出して行つたきり仲々戻らなくて母の恨めしがつたこと。

「いやもうあんなことは二度と御免だ」といひながらも、そんな話をする時の大人達の顔には、無事に災害を切り抜けた人々のあの活き活きとした興奮があらはれてゐて、聞いてる者に、そこに居合はせなかつたことをむしろ無念と思はせたのである。

押入れの奥には、綿ぼこりにまみれて、父の海軍将校用の短剣がころがつてゐたが、それも勝手に取り出してはいけないものの一つだつた。ときどき禁を犯してそつと鞘を抜いてみると、うす暗がりの中に冷たい剣の刃が光つて見えて、これが「武器」というものかと、どきりと胸が鳴つたものである。その短剣が全くの儀礼用で、実は鉛筆さへ満足にけづれないものであると知つたのは、ずつと後になつてからのことであつた。

そんな風にして覗き見るときには、その「闇」は、およそ闇といふものがさうである通り、半ばは怖しく半ばは人を魅きつける、何かよく解らないものであつた。

さうした子供らしい好奇心は、学校へ上る頃になると次第にさまされていつたのであるが、それは戦争の時代を、また全く別の意味で「暗黒時代」と教へられてだつた。ただ食料、衣料、燃料が不足して、おまけに頭の上から飛んでもないものが降つてきたといふだけでなく、ちやうど一昔前まで中世が「暗黒時代」と言はれてゐたのと同じ意味で――すなはち「理性の光」に見離された時代、といふ意味で「暗黒時代」なのだつた。どういふものか国中の気が違つて、出来ないことが出来るやうに見え、すべきでないことがすべきであるやうに見える、さういふ時代だつたのだと教はつた。

今思へば、「戦時」といふものはどこの国であつてもさういふものであらうが、これは日本あるいは枢軸諸国のみがさうであつて、連合国側はいづれもすべて澄み切つた理性と良心をもつて戦つたといふ稀有な「戦時」であるらしかつた。少なくともアメリカから輸入された戦争映画を見るかぎりではさうと以外には考へられなくて、またそれを違ふと言ふ人もゐなかつた。

「闇」がさういふものであるときには、自分自身を「闇の中から生まれ出てきた」と思ふことにも意味がない。暗黒の時代を暗黒にしてゐた「悪者達」は皆処刑され、さうでない者達も「悔い改め」て、御祓《おはらひ》はすべて済んでしまつたのだから、その時代は端的に無いも同じなのだつた。終戦生まれの子供達は、自分達を闇から生まれたと思ふ代りに、「無」から生まれたと思ふことに慣れた。

抹殺された言葉

さういふ終戦生まれの人間が、もうだいぶ年齢《とし》もいつてからのこと、どういふきつかけからであつたか、戦争中の記録を読みあさり始めた。書いた人の地位も様々なら、そこに記録された体験も様々で、こちらには北支のどこまでも続く麦畑を鍋をぶら下げ足を引きずつて行く兵士があり、こちらには空気の濁つた潜水艦の中で息をひそめる機関士がある。ラバウルを発進し一路ポートモレスビーを襲はんとする操縦士があり、ガダルカナルの密林の奥で死んでゆく兵士がある。作戦本部でアッツ島玉砕の報を聞く指揮官があり、露兵の銃撃におびえながら大興安嶺を越えて逃げる親子がある。その時代、その世界にすつかり浸り切つて、ふとわれに返つて上空を見上げる一瞬、そこに敵機の影のないのが奇蹟のやうは思はれてほつと息をつく――そんな具合にして数ヶ月をすごすうちに、それまで全く知ることのなかつた或る一つの事実、一つの言葉が形をなして現はれて来た。そしてそれを幽かに聴き取つたとき、これまで自分が「戦争」といふことについて何一つ理解してゐなかつたことを知つた。同時に、あの覗くことのできなかつた闇の中に蠢いてゐたもの、そして闇の中に葬り去られたものが何であつたかを知つた。

それは「敵」といふ一語である。

この一語こそが「戦時中」をまさに「戦時中」にしてゐたものであり、またそれ故に戦後の人々がその燠《おき》のくすぶることをさへ許さなかつたものであつた。

われわれが戦後耳にする話の中では、東京大空襲で焼き殺された人々は「空襲にあつて死んだ」のであり、上海《シャンハイ》に上陸した途端、待ち受けていた中国兵に射殺された兵士も、硫黄島の坑内に手榴弾を投げ込まれて殺された兵士も皆ひとしく「戦争で亡くなつた」にすぎない。広島と長崎で一瞬の内に爆殺された人々さへもが「原爆が落ちて亡くなつた」のである。まるで原子爆弾はただ神様の手違ひで天からこぼれ落ちて来たのであるかのやうに。これはただ言ひ回しの上だけのことではない。日本人はあの戦争をふり返るとき、本当に一切「敵」といふ言葉抜きですませるのである。

戦争から「敵」といふ事実を完全に無視して、片側の行為だけを描写すれば、これはただ気違ひの行為としか見えない。あるいはただ残虐の一語に尽きる。そして戦時中の日本人の行為を、まさにさういふものであつたとわれわれは教はつたのである。

実に見事なまでに、われわれの世界から「敵」の一語が抹殺された。からうじてスポーツの世界、ヤクザの世界、共産党の世界にこの概念が保たれてゐるとも言へるが、およそ国際的なことが問題となる世界からは完全に絶滅したのである。

これは非常に危険なことである。何故ならば「敵」といふ言葉を失つた者が、次の戦争がおこらぬためにはどうしたら良いか、と考へようとしても、ただ自分の国を見張るしか策がないからである。ひよつとして（十分ありさうなことであるが）隣国ロシアが攻めて来たらばどうするか、そもそも攻めて来させない様にするにはどうしておいたらよいのか、といつた極く常識的な「反戦」の要心さへもが、一種の主張であるかのごとく肩を怒らせなければ語れない（アメリカを要注意と見る人はあるが、それとて日米間の軍事衝突を懸念してのことではない。むしろアメリカを「自国」の一種と考へてゐるからである）。

今の日本を見てゐると、あたかも人々の心の中から、戦争の起る本当の原因といふものは仲々解らないものだ、と思ふ謙虚な気持がすつかり失せてしまつたかに見える。その謙虚があつてはじめて、日々にわれわれを取り巻く森羅万象の何処ぞに火種の不始末がありはせぬかと見直す要心もおこる。ところが戦争をおこしうる原因は唯一つ大日本帝国の軍国主義だけだといふことになつてしまつてゐるのであるから、われわれは目下のところ、本当の戦争の危険については国中でしつかりと瞼を閉ぢてゐるのに等しい。これはちやうど、戦時中大部分の人々が自分達が相手にしてゐるものの強さ大きさに目を閉ぢて戦つてゐたのと似てゐる。但し、実際に強大なものに襲はれてもはや逃げることも出来ない時の唯一の策は、ただしつかりと目を閉ぢて遮二無二あばれ回ることである。戦時中の日本人はその唯一の策にしたがつて行動してゐたのだとも言へる。しかし、戦ふのではなく要心をすべき者が目を閉ぢてゐてはお話にならぬ。

われわれはまず、「敵」といふ言葉を怖れずに、正確に、あの戦争は一体何であつたかを振り返る必要がある。戦争前に生まれた者は自らをもう一度知り直すために。終戦後に生まれた者は、自らを生み出したものを正しく知るために。少なくともそれだけのことは是非しておかなければならない。

世界史の中の日本史

そのつつましい必要をみたしてくれるものの一つが、たとへば、林房雄氏の、『大東亜戦争肯定論』である。

おそらく多くの人々が思ふであらうのとは違つて、この本は何の「主義」や「主張」を語つたのでもない。ただ虚心坦懐に「本当のところあの戦争は一体何であつたか」と振り返つてゐるだけである。

さういふ振り返り方をすれば、誰でもそこにあつた「敵」といふ事実に気付かざるを得ない。それでその通り、あの戦争でわれわれは敵——意志も力も備へた、生きた人間達の群れである敵といふものと戦つたのだと認めてゐるのがこの『大東亜戦争肯定論』である。

林氏はあの戦争を、幕末から百年つづいた「東亜百年戦争」の最終戦であつたととらへる。この「百年」といふ長さは、四、五年毎に何か「新しい時代」を発明してゐるやうな人々にとつては、いささか現代ばなれのした長さと思はれるかも知れない。

そして「百年戦争」などといふ言葉を使ふことからして、著者がそもそも始めからまともに問題にされるつもりのなかつたことを示してゐる、とさへ思はれるかもしれない。しかし著者は人を面白がらせるためにかう言つてゐるのではない。それが現に百年つづいた戦争だつたから、さう言つてゐるだけなのである。

考へてみるにこの「百年」といふ長さも、世界史の中で「植民地の時代」といふ題をつけて目の前におかれれば、滑稽な長さと思ふ者はゐないであらう。西洋人達が本格的にアジア、アフリカを分割し支配し始めてから、再びその大部分の国々が独立するまでがほぼ百余年である。その百余年、アジアでもアフリカでも、それぞれの悲惨な「百年戦争」を戦はなかつた国はなかつた。それがいかに絶望的な戦ひであつたかは、その中でともかくも戦争の体をなして、一応の勝利ををさめたのがエチオピア戦争と日露戦争だけであつたことを見ても解る。

日本もまた、その片隅で自らの百年戦争を戦つたにすぎなかつた。例外的に善戦したとは言へ、本当の意味で敵をしりぞけたことは一度としてない。その百年間の途中で日本ひとりがアジア・アフリカ諸国の群れから抜け出し、見事「敵側」の一員になりおほせたと考へる日本人がゐたとしても、「世界」はそれを決して認めなかつたし、許さなかつた。昭和十年前後の欧米の日貨排撃を見ても、白人達がいかに根強く白人以外の者を容れないかが解る。(注1) 日本はアジアの一員以外のものにはなり得なかつた。また実際、ならうともしなかつた。あの戦争の悲劇は、日本があくまでもアジアの一員として踏みとどまらうとした決意の内にあるので、ちなみに「悲劇」とは、避けられない運命に背を向けずに立ち向ふことを言ふ。林房雄氏がこの中で、

「東亜百年戦争」はそもそもの始めから勝ち目のなかった抵抗である。しかも戦わなければならなかった。そして日本は戦った。何という「無謀な戦争」をわれわれは百年間戦って来たことか！

と言ふのもその意味である。矮小な人々が矮小な利欲のためにひきおこす出来事は、たとへその結果がいかなる悲惨を招いたとしてもやはり喜劇なのであつて、人々はあの戦争を言葉の上でこそ「悲劇」と呼ぶが、その実、たんに「悲惨な喜劇」であつたと言つてゐるにすぎない。林氏はあの戦争を「喜劇」と見ることをきつぱりと拒絶する。そしてそれは、その中で死んでいつた人々を汚すことになるからではなく、端的

に誤りだからなのである。

「東亜百年戦争」といふこの悲劇の認識は、当然のことながら、その発端である幕末と維新を見直すところから始まる。林房雄氏が百年戦争の始まりとするのは、イギリス艦隊による鹿児島砲撃――いはゆる「薩英戦争」と、その翌年の「馬関戦争」であるが、この二つの「日本史」上の出来事の中に、われわれは「世界史」に出てくると同じヨーロッパ諸国の姿を見ることができる。面白いことに、「世界史」の中では、野心と力と策略に富み、また時には失策も犯す生きた人間達で満ちあふれてゐる西洋が、「日本史」に登場する途端、妙に生気を失つてしまふのである。明治初期の「異人画」を見ると、「ペルリ」の像にしても誰のにしても何処か窮屈さうに変形《デフオルメ》されて、何人《なにじん》ともつかぬ奇妙な顔をしてゐるが、ちやうどそんな具合に、西洋人らしい生々《なまなま》しさを失つてしまつてゐるのである。

しかし幕末の日本人達にはヨーロッパ諸国が「世界史」に登場するそのままの姿で見えたのに違ひなく、林氏の眼もまたその通りを眺める。それは、ほんの十数年前、印度人達を大砲につめて吹き飛ばしてきた人々の姿であり、清《シン》の人々に麻薬を売りつけることを「国家事業」としてきた人々の姿である。その血塗《ちまみ》れの刀を突きつけられたところにこそ「攘夷」の声もおこり、「開国」と「文明開化」の必要も生じたのである。

攘夷と文明開化とは、相反する二つの主義主張ではなく、同じ一つの認識――「東漸する西力」の脅威の認識であつた、と林氏は見る。そしてこの一事の中に「東亜百年戦争」といふ悲劇の本質がすべて含まれてゐる。後で述べるやうに、林氏が考へるより更に深い悲劇の本質が含まれてゐる……。

しかしいづれにしても、攘夷と文明開化とを全くの別物と考へるのは、後の世の人の誤解にすぎない。もしも明治の人々が西洋をただ「良きお手本」と憧れて、少しでも彼の人々にあやからうとて洋服を着、牛鍋をつつき、海軍、陸軍及び憲法などもつくつたのだとしたらば、たしかに、その模倣の行きつく先に「東洋への侵略」があらうことは理の当然である。理の当然であると同時に笑ふべき茶番であり醜悪な喜劇である。

けれども実際には、百年間にわたる文明開化は、やはり百年にわたる「攘夷」の決意に裏打ちされて進んできたので、「インテリ」でない普通の人々はそれを忘れたことはなかつた。もつと正確に言へば、日本を取り巻く力と状況とが、片時もそれを忘れることを許さなかつたのである。

「西力東漸」はただ幕末に顔をのぞかせた一時的現象ではなかつた。何か事があればたちまち、日清戦争後の三国干渉に見るやうに、その本性を発揮した。しかも、その後更に新しい脅威が生まれてゐて、それは米国であつた。米西戦争でフィリピンを得た米国は、その独立運動を制圧し、一説には全人口の約六分の一を殺したとも言はれる。一八九八年ハワイが併合され、翌年国務長官ヘイがシナの門戸開放を唱へる。「西へ西へ」のかけ声で西海岸までやつて来たアメリカが、一息入れたのち今度は太平洋を渡つて更に「西へ西へ」と幌馬車を走らせて来るさまが手に取るやうである。実際のところ、幕末の人々に脅威を与へたヨーロッパの「西力東漸」は、インド、清、東南アジアで猛威をふるつたのち、日本に上陸する頃はいささか「熱帯性低気圧」に衰へてゐたと言へなくもない。ところが今度のアメリカのこの「西力東漸（地理的には西漸であるが）」は、いはば本土直撃コースをとつてゐる。そして半世紀ののち、現実に「直撃」したことは誰もが知る通りである。すなはちそれは、昭和十六年七月の対日石油全面禁輸であり、同十一月のハル・ノートであつた。

近頃では、日米開戦当時の諸事実について、戦後おほぴらにされてゐなかつたことが、ぼつぼつと語られ始めてゐる。たとへば、開戦直前の日米交渉において、米国側には本来の意味での「交渉」の意図は全くなかつたこと。日本海軍による真珠湾の「奇襲」攻撃は、単に米大統領の予知するところであつたのみか待望するところであつたらしいこと、等々。

けれども大切なのは、果してルーズヴェルト大統領が日本に罠を仕掛けたのか仕掛けなかつたのかといつた謎ときではなくて、そこに至るまでに、いかなる力が太平洋を渡つて及んで来てゐたのかといふ、大きな見取図を見失はないことである。以前、或る雑誌の中で、鋭い日本論で知られる李御寧氏が、母国の歴史を世界史の内に眺めることの必要を説いてをられたが、ここで必要なのはまさにそれなのである。

林房雄氏は太平洋戦争の遠い始まりを日露戦争のポーツマス講和会議の直後とみる。そして「これは多くの読者の耳には……歴史の常識をはづれた独断または詭弁に聞えるかも知れない」と懸念するのであるが、「世界史」といふ大きな見取図の中で見れば、この見方は独断であるどころかただ当然の見方にすぎず、むしろ控へ目であるとさへ言へよう。米西戦争に米国の勝つた時をもつて太平洋戦争の始まりと見ることも不可能ではない。何故ならば、その時から、この太平洋をはさんで二つの力が向き合ふことになつたのだからである。

　これを見てわれわれがまづ第一に考へることは、ここに向き合つた二つの力が、なんとか衝突せぬやう喰ひ止めることはできなかつたものだらうか、といふことである。たとへば、太平洋戦争を回避し得た最後の時点は日露戦争直後にあつた。そこで日本がハリマンの申し入れを受けて満鉄の権益を分け与へてをれば対決は避けられたかも知れぬ、と言ふ人もいる。(注2) その言ふところによれば、そもそもユーラシア大陸に接し、太平洋の端に位置する小国日本は、事あるときは、ロシアと組むか英米《アングロサクソン》と組むかのどちらかを選択する必要がある。そして組むべき相手としては英米の方がはるかに信頼のおける安定した相手であるから、日本の戦略としては英米協調路線を崩してはならない。それを日露戦争直後の日本はハリマンの申し入れを断ることで自ら崩してしまつた。そこに失敗の第一歩があつた、といふ。

　おそらくこれは、一国の、又は現在の戦略の分析としては完全に正しいであらう。また、当時の英米はもつぱら中国をねらつてゐただけで日本に対する直接の野心はなかつたのだといふのも本当であらう。けれども、だから当時の日本は英米と手を結ぶことができ、結ぶべきであつたと言ふとしたらば、それは余りにも偏狭な「国家主義」である。

日本は「日本国」といふ国境を守るために百年間戦つたのではない。もしさうであつたら、かへつて後の世にはその「防衛戦争」たる所以がはつきりと見えることになつてゐたであらうが、この百年の戦ひにとつて、国境などといふものは枝葉末節のことであつた（日本人が現在北方領土の問題を考へるにあたつて、しばしば、本来感ずべき痛切さを欠いてゐるやうに見受けられるのは、一つにはそのためである）。国境が真剣な意味を持つのは、同じ文化圏に属するもの同士の間である。われわれは国境よりももつと切実に大切なもの——われわれ自身の文化圏を脅かされてゐたのである。

「大きな敵」の存在

現在のわれわれは、アジアといふこの大きな文化圏を直接には脅かされることなく過してゐるので、それがどれほどわれわれに必要不可欠のものであるかを感じることもないし、岡倉天心式の西洋対アジアなどといふ図式を持ち出されると、ひどく大時代、かつ大雑把なものに思ふ。近頃はやりの「日本論」を聞いてゐると、まるで日本一国で「文化圏」が出来上つてゐるやうな気さへしてくる。けれども、現実にアジアといふ文化圏全体が危機に瀕してゐた当時の日本人には、それが潰れれば、もはや自分達も自分達自身でゐられなくなるといふことを、肌身にしみて感じ取ることができたに違ひない。現にそれを脅かされてゐるときは、人は自らの生命線のありかを誤らないものである。

　そして、そのアジアの首を締め上げてゐたのが誰であつたかを思ひおこせば、英米協調路線などといふものが（親露路線と同様）いかに卑劣なものと人々の目にうつつたか想像に難くない。それは端的な不可能事であつた。またもし可能であつたとしたら、そのやうな「協調路線」を歩んだわれわれは、それこそ後にアジアの人々から何と罵られても返す言葉がなかつたであらう。戦後の戦略を過去に持ち込んではならない。当時の英米が決して直接日本を狙つてゐなかつたとしても、広く「アジアの圧迫者」として存在してゐたのであるかぎり、日・英米の対決は避けられなかつたのである。

　われわれは日本一国のためだけに戦つたのではなかつた。「大東亜戦争」を戦ふつもりで戦つたのだつた。だからこそ日支の争ひ、朝鮮の迫害は痛恨の極みであり、思ひ返すに言葉なしといふ悲痛な出来事なのである。ただ日本がオッチョコチョイにも西洋の真似をして、自国の利益追求のために中国、朝鮮を「侵略」したのであれば、土下座して謝るまでもない。国際社会といふ弱肉強食の世界では日常茶飯事であることの一つを日本もしたといふだけのことであつて、大方の国々はさういふことで謝り合ふなど夢にも思ひつかないことであらう。しかしまさにさうではなかつたからこそ、われわれはいまだに「苦い」としか言ひやうのない後悔を抱いて中国を、そして殊に朝鮮を眺めやるのである。

　勿論、それについては色々な言ひ方ができる。たとへばそれを、政治の理想と現実の矛盾、と見ることもできる。満州事変の立役者達がいかにはつきりと非植民地支配的な統治の理想をかかげもつてゐたか、そして現実の満州国の運営がいかにそれを裏切ることが多かつたかを見れば、その、いつの世にもある矛盾は歴然としてゐる。

　あるいは、日本が現実に小さな目先の利益に目を曇らされたと同じく、ナショナリズムに目ざめた中国、朝鮮もまた「大きな敵」よりも目先の敵にこだはりすぎたと評することはできよう。その中で「大きな敵」を見ようとした人々は、祖国からは売国奴と罵られ、報はれることなく死んでいつた。いつの世にも、ひとより大きく遠くを見過ぎる人はさうした扱ひを受けるものであるが、それでも我々はその人々を惜しまざるを得ない。

また勿論、ここでも米国のことを忘れるわけにはいかない。戦略上敵の仲間割れほど歓迎すべきことはないので、日支事変中、米国が中国国民政府に借款を与へ、武器を提供してゐたのは事実である。まさかこれを「人道上」の援助であつたと言はれて信じる人もゐまい。

しかし結局、それが誰の所為であつたにせよ、現に日本がアジアを救はんとして立ち、その半ばで、かへつてアジア相戦ふといふ事態を招いてしまつたといふことは事実である。林房雄氏は、その事実を避けるのでもなく、弁解するのでもなく、またそこに居直るのでもなく、ただ悼む。林氏はそれを「歴史の非情を見る」と表現する。歴史の非情の見えぬ者が隣国にぺこぺこと頭を下げるのは、ただのお追従でしかない。さういふ人々こそ、時至れば再び同じことを繰り返すのである。

アジア諸国と日本

この「歴史の非情」の前では、以前問題になつたやうに、日本の大陸でのふるまひを子供達に「侵略」と言つて教へるべきか否かなどといふことは、頭を煩はせるまでもない小事である。大切なのは、当時アジアの全体がいかなる危機にさらされてをり、その危機に日本がいかに対処したかを正しく見ることである。「侵略」といふ言葉を使ふのならば、まず第一に、あの一四九二年の出来事からして、「コロンブスのアメリカ発見」と言ふかはりに「新大陸侵略の第一歩」と言ひ直すことから始めるべきであらう。そのやうに言ひ直していけば、世界史上、「侵略」でないやうな出来事はごく僅かであることが解る。そしてその上でなほ、日本と中国・朝鮮との関係を「侵略」と片付けたのでは、真実のほんの一部をとらへたことにしかならないのを知るべきなのである。

これに対して東南アジア諸国とのことは、それよりもいくらか解り易い。当時現に、白人達の植民地になるといふ形で「西力」の圧迫を受けてゐた人々には、中国、朝鮮の人々よりも遥かに「共通の敵」の姿がはつきりと見えてゐた。ボース、バーモー、ラウレルといつた人々の協力も、タイの参戦も、何とかして白人の支配をはねのけねばならないといふ切実な認識なしにはあり得なかつたはずである。

但し現実に南方に遠征した日本軍は、決して「友好親睦訪問団」として出かけて行つたのではなく、生きるか死ぬかの戦争をしにやつて来たのであるから、その荒つぽさに閉口した現地人も多かつたに違ひない。その上、連合軍側は当然のごとくその植民地の原住民を連合軍の兵士として徴用したのであるから、あちこちで日本兵と現地人が殺し合ふといふことになつた。[注3]

もしも日本の南方への進攻が、あれほど（日本自身にとつてさへ）「電撃的」なものでなかつたらば、そこでの戦ひを完全に「アジア解放の戦ひ」となす下準備が可能であつたかも知れない。しかし繰り返して言ふやうに、日本はあの戦争について、開戦の時期、戦線の規模はおろか、そもそも開戦するか否かさへも選ぶことができなかつたのである。大本営参謀本部が開戦を決意したのは、米国の対日石油全面禁輸によつてであり、[注4]米国が禁輸にふみ切つたのは、米国側がほぼ開戦の準備をととのへ終つたからであつた。すなはち、開戦の決定を実質的に下したのは、大本営でも天皇陛下でもない。米国政府だつたのである。実際のところ、われわれは、次々に駒をすすめてくる米国に、後手後手の対応をするのが精一杯といふ有様であつた。自ら企画した「大東亜戦争」を青写真の通りにおしすすめるどころか、その青写真をまともに作り上げる暇さへ与へられなかつたのである。われわれがアジアの人々を、いはば向う岸においたまま戦はねばならなかつたのは、かへすがへすも無念なことであつた。

しかし、われわれの「大東亜戦争」は本当に潰えたのだらうか？　戦場となつた旧植民地はすべて戦中、戦後、独立をとげ、再び白人の手に落ちたものはなかつた――この事実をどう考へるべきであるか？　戦後われわれはこれを「あの忌はしい戦争の偶然の副産物」と習つて来た。つまりどういふことかと言へば、たしかに昭和十八年の「大東亜共同宣言」は「大東亜を米英の桎梏より解放してその自存自衛を全うし」とうたつてゐる。また実際に戦つた人々に聞いてみても、当時はこれは「大東亜聖戦」でアジア解放の戦ひと思ふて戦つとりましたが、と言ふ。そして現にアジアは解放された。しかし前者と後者の間には何の因果関係も見出してはならぬ、と言つてゐるのである。奇妙な論理である。「歴史」とは、かういふ奇妙な論理を使はねば解けない難題なのだらうか。

これがいかにひねくれた解釈であるかは、米国の南北戦争にあてはめてみれば解り易からう。南北戦争が単に「奴隷解放」といふ理念をめぐつての争ひだつたのではなくて、むしろ南北の経済体制の相違に基づく争ひであつたことは、すでによく知られてゐる。北軍の兵士達が、何で俺達が黒ん坊《ニガー》のために死ななきやならねェんだと不平たらたらであつたことも知られてゐるし、有名なリンカーンの奴隷解放宣言も、もとはと言へば、苦しい戦ひをつづける北軍に少しでも内外の同情を得、戦局を有利に導かんがためになされたものであつた。しかしだからと言つて、「『奴隷解放宣言』は空疎な茶番であり、『奴隷解放』の理念は好戦的な一部の北部人《ヤンキー》が自らの侵略的意図を覆ひかくすため一般市民に押しつけたものである。この美名のもとに何万人の若き青年の血が流されたかを思ふとき、このやうな危険な軍国思想は二度と再び許してはならない」などと演説する者は、余程南部《ディープ・サウス》の田舎にでも行かなければゐないであらう。

何故か？——北軍が勝つたからである。

戦争に負けたからと言つてその戦争で自らの掲げてゐた理想の旗までおろしてしまひ、自らの成しとげたことに目をつぶつてしまふのは、まさに「勝てば官軍」の裏返しに他ならない。さういふ人達は、万一勝つてゐたらばどうやつて戦勝国としての責任をとるつもりだつたのであらうか？　その無責任が結局そのまま、現在の日本の東南アジア政策のお粗末さになつてあらはれてゐるのである。

そもそも、何故もつと歴史といふものを素直に眺めようとしないのか——『大東亜戦争肯定論』の「肯定」とはさういふ意味である。あたり前のことはあたり前と認めようではないか、といふことが、この本を通じての著者の唯一の「主張」である。そしてさういふ「あたり前」を敢へて語る林氏の心底には「息子達」への気遣ひが流れてゐる。

戦後といふ時代をつくり上げてゆくべき人々が、さういふあたり前のことに目をつぶりつづけて生きてゆけばどういふことになるか、戦後生まれた者達が、自分達の背後には「無」があるのみだと思ひ込んで育つてゆけば、どういふ人間達が出来上るか、林氏はそれを憂へてゐる。そしてその気遣ひをわれわれは無にしてはならない。

戦後日本の超国家主義

しかし、更に、われわれはもう一歩すすんで、林房雄氏がつひに問ふことのなかつたもう一つの素朴な疑問を問はなければならない。それはすなはち、何故これほど解り切つたことを戦後の我々は頑として見ようとしないのだらうか？　といふ疑問である。これは単に修辞的な「何故」ではない。この「何故」の内にこそ「日本思想」の謎と逆説があり、この「何故」を知らずに日本人を論ずることはできないのである。

戦後の日本人が、あの戦争について、非はすべて我方にあると考へ、林房雄氏の説くやうな「あたり前」のことをむしろ奇説とみるやうになつたこと——これを七年間の占領と検閲の所為にしてしまふのはたやすいことである。あるいは共産主義者の宣伝を責めるのもよい。しかし、われわれ日本人はいつの世にも、外国人の宣伝に無抵抗であるやうに見えて実は、本当にわれわれ本来の在り方を脅かすやうな宣伝には、決して乗せられたことがない（そのよい例がキリスト教の布教失敗である）。もしも「大東亜戦争」のかくも理不尽な断罪が、われわれの「大和魂」を本当に危くするものであつたとしたら、マッカーサーが何と言はうとクレムリンがどう言はうと、日本人はすべて聞き流したことであつたらう。

占領が終つた後、さらに三十年にもわたつて日本人が占領軍の言つてゐた通りを繰り返してゐるといふことは、実はそれが、日本人自身さへもが気付かぬ奥底で、きはめて「日本的」な見方だつたからではあるまいか？『大東亜戦争肯定論』は、そこには思ひ至つてゐない。林氏はそれをただ、日本国民の「敗戦痴呆症」とのみ嘆くのである。しかし実は、氏はそこで一つ小さな事実を見落としてゐる。

「一億総懺悔」といふ標語を案出した政治家が誰であつたか思い出せないが、彼が戦争中には「一億総蹶起」を高唱した政治家と同一系統の人物であつたことだけはまちがいない。

と言つて、氏はこの言葉をまさに「敗戦痴呆症」の象徴と見てゐるのであるが、実はこの標語は、林氏自身がこの著書の中で、大川周明、北一輝と並べ讃じた石原莞爾その人の言葉だつたのである。勿論石原将軍がこの言葉を口にしたのは、連合国側におもねつてのことではない。第一これはそもそも戦争を起したことを詫びてゐるのではなくて、敗けたことについて全員が責任を取らうではないかと呼びかけた言葉である。

それでは、それを皆が誤解しただけなのだらうか——さうではない。さうととつただけでは、逆に石原莞爾その人の理想をも誤解することになる。彼の「国民総懺悔」といふ言葉の底にこめられてゐたのは、幕末以来この百年間、日本が本来の日本らしからぬ振舞を余儀なくされてきたことへの反省である。「東亜百年戦争」の本当の悲劇は、まさに「攘夷」が「欧化主義」といふ形でしか可能でなかつたといふところにある。ムガール帝国にせよ清帝国にせよ、誇り高く自らの文化を固持しつづけたアジアの国々は、ことごとく西洋の「実力行使」に潰された。われわれは「われわれらしさ」を捨てることによつて自らの国と文化を守らざるを得ないことを知つたのである。いはば、チョンマゲを切ることによつて武士道を守るといふ道を選んだのである。そして、その「欧化」の基にあつて、目に付かぬながらもつとも重要だつたのは、この世界の内に「対立」を見るといふこと、敵を「敵」と認じて、自らを常にそれと対峙させて眺めるといふ極めて欧米流の世界観をもつことであつた。これによつてわれわれはからうじて危機を切り抜けたのである。止むを得ないことではあつた。しかし悔むべきことであつた――その認識があつてこそ石原将軍は、新憲法成立の報を聞いて、「今後再軍備すべしと米ソいづれかのいかなる強要があらうとも、断じて屈服するな」と言ひ切つたのである。

戦後、危機の去つたのを肌に感じた時、〈もうわれわれらしく生きても大丈夫だ〉と人々は思つた。皆は石原将軍の言葉を「誤解」したのではない。その奥に響くものを聞き取つて、そこのところだけ各々の心の奥底にしまひ込んだのである。

われわれは、もう二度と再びあの血腥《ちなまぐさ》い「欧米式国際社会」には住むまい。いかなる「力」がわれわれを圧迫し「敵」が脅かさうとも、それを「敵」と見、「力」と見ることはすまい。何か争ひがあればそれはわれわれの至らざるが故と認め、あるいは何かの間違ひで起つたことと見る。さういふ見方以外で、世界を見まい——一人一人が決意したこの「和の世界観」こそは真に独自の「日本思想」であり、言葉の真の意味での「超国家主義理念」である。そしてこの思想に基づいて戦後のわれわれは、すべてのエネルギーを「復讐」にではなく「復興」にそそぎ込むことができたのである。

民族の知恵

林房雄氏が「敗戦痴呆症」とみたものは、実にこの日本国民の「民族の知恵」であつた。しかし、すべてのさうした「知恵」と同じく、この「知恵」も、持つてゐる人自身それに気付いてはゐない。「貿易摩擦」のたびに、「教科書問題」のたびに、ただひたすら頭を下げつつ、さうすることによつて自分達がいかに断固たる民族主義をつらぬいてゐるか、といふことには気付かないのである。

これはそもそも「気付かぬこと」を特徴とする知恵とも言へる。われわれのこの民族主義は、「民族主義」として自覚された瞬間にその民族的性格を失ふのである。何故かと言へば、「和の世界観」は己れを主張せず他に沿ひ従ふ、といふことを基本としてゐて、それなしには成り立たない。したがつてそのやうな態度を一つの「主義」として吹聴すること自体がその基本に背くことになるのである。かと言つてまた、世界の他の人々の世界の見方に素直に沿ひ従へば、世界を力と力のぶつかり合ひと見なければならないことになり、それも又われわれの「日本精神」に抵触する。

この難題を、戦後のわれわれは独特の仕方で切り抜けてきた。すなはち、世界の他の人々もすでにみな「和の世界観」の内に生きてをり、われわれはただその世界の趨勢にしたがつてゐるだけなのだ、と思ひ込むことで、それを切り抜けてきたのである。から思ひ込んでしまへば、「和の世界観」を主張することが、少しも我を張ることではなくて、ただ他人様《ひとさま》の言ふ通りを繰り返してゐることになる。誠に見事な切り抜け方だと言はねばなるまい。それがもつとも典型的な、科学者の言ふところの「理想状態」で表現されてゐるのが、日本国憲法の前文である。

……日本国民は、恒久の平和を念願し、人間相互の関係を支配する崇高な理想を深く自覚するのであつて、平和を愛する諸国民の公正と信義に信頼して、われらの安全と生存を保持しようと決意した。われらは、平和を維持し、専制と隷従、圧迫と偏狭を地上から永遠に除去しようと努めてゐる国際社会において、名誉ある地位を占めたいと思ふ。……いづれの国家も、自国のことのみに専念して他国を無視してはならないのであつて、政治道徳の法則は、普遍的なものであり、この法則に従ふことは、……各国の責務であると信ずる。……

ここに表はされてゐるのは、まさに「和の世界観」である。「国際社会」といふものがここでは、他人《ひと》を思ひやり、互に睦み合ふことをその本質とするもの、と考へられてゐる。これは、「東亜百年戦争」を通じて日本がその真只中で生きてきた、あの修羅場のことではない。また、今もなほ、まさに専制と隷従、圧迫と偏狭を除去するためと称して至る処で戦闘が続けられてゐるこの地球上のことでもない。ここでわれわれは、さういふものと一切手を切つた、「日本精神」と矛盾しない「国際社会」といふ言葉を発明し、その懐に抱かれることを宣言してゐるのである。

憲法にしるされたこの「超国家主義理念」は、天皇陛下への尊敬の心と深くむすびついた――多くの人の目にはつかずとも、根底に於いて深くむすびついた――大切な民族的原理なので、(注5)少しでもそれを疑ふ者は「非国民」となる。実際、考へてみればこの憲法自体がここに唱はれた「国際社会」とは遥かにへだたつた環境の中で書かれたものであつて、敗戦国が戦勝国に対して、二度と再び立ち上つて脅威となることがないやうに――といふことを唯一最大の柱として練り上げられたものであつた。言はば日本国民の「隷従」を求めてこしらへられたものであり、それを、さうはさせじと必死で押し返す日本側の人々の血の滲むやうな努力がやうやくこれだけの形に喰ひ止めてくれたのである。しかし、先人のその努力に対して正しい敬意を払ふどころか、さうした努力があつたことすら思ひ出してはならないことになつてゐる。人々は、さういふ事実が自分達のこの「国際社会」といふ夢を破るのではないかと、無意識の内に怖れるのである。

この見事な「見て見ぬふり」の唯一の、そして深刻な厄介は、われわれがどのやうな「国際社会」の解釈の内に住まうとも、世界の大部分の人々はいまだにすべてを「力」に換算するといふ仕方で「国際社会」を眺めてをり、その計算に従つてわれわれを扱つてゐるといふことである。さういふ人々の間を、われわれは、あたかもそのやうな計算法が存在しないかのごとくに——そして事実そのやうな計算法にほとんど積極的に無知なままで、渡つてゆかなければならないのである。自分達が全く意図せずに作り出す「力」の突出、又は空白が、その計算に組み入れられたときどういふ答へとなつて出てくるのか、ただ気を揉みながら待つしかないのである。先日来の「貿易摩擦」の問題はその小さな一例にすぎない。

自らを識る

「日本国民は……平和を愛する諸国民の公正と信義に信頼して、われらの安全と生存を保持しようと決意した」と憲法は言ふ。しかし、その諸国民の「平和愛好 peace-loving」も「公正 justice と信義 faith」も、共に彼等の「力」の計算法の結果生じたり生じなかつたりするものである。われわれはその計算法も知らぬままに、われわれの「安全と生存」をそれに賭けてゐる。どんなに大胆な博徒《ばくちうち》でも、このやうに大胆な賭けをする時には顔が青ざめて手が震へるに違ひない。しかしわれわれは、「見ない」といふ原則にしたがつて、眉一つ動かさずにそれをやつてのけてゐるのである。

但し、さういふ「力と力の計算」に基づいた世界の見方が「現実的」であり、憲法の前文にうたはれてゐるやうな「国際社会」は「幻想」にすぎない、と言つてしまふのは正確でない。われわれの「国際社会」が幻想ならば、彼等の「力の計算」もひとしく幻想である。彼等の見方も又、他者と他者とは対立し争ふものであるといふ、同じく無根拠な前提に支へられてゐるのだからである。たしかなことは唯ひとつ、われわれは我々流の幻想をもち、彼等は彼等流の幻想を抱いてこの世にある、といふ事実である。そしてこの事実には、もはや目をつぶつてゐてはならない——余りにも危険だからである。

目をつぶることによつて自分自身であることを守る時代は終りつつある。目を開けて、自らを知り、しかもなほ自分自身であり続けるといふ難題に、いよいよ本格的に取り組むべき時が来てゐる。ここ十年程の「日本論」の流行は、そのことを漠然と人々が感じ始めてゐることの表はれである。けれども人々は、まだそれをどんなふうに考へ始めたらよいのか解らずに、ちやうど、まだ積み木が積めないのでそれをただ投げたりしやぶつたりして遊んでゐる赤ん坊のやうにして「日本論」を扱つてゐる。

われわれは一体何なのか？　われわれがわれわれ自身であるためにはいつたいどうしたらよいのか？――さういふ素朴な疑問が本当に意味をもつたものになるためには、われわれはもう一度、「あの戦争」を振り返らなければならない。永い日本の歴史の中ではじめて、われわれがわれわれ自身であるために戦はねばならなかつた百年間。そして戦ふために益々われわれ自身ならざることを余儀なくされた百年間――その頂点であり終結であつた「あの戦争」を虚心坦懐に振り返らねばならない。そしてそれを正しく底の底から理解したときはじめて、われわれはあの〈聖なる戦ひ〉「大東亜戦争」を「否定」して、新しく歩み始めることができるのである。

注1　「高橋経済理論形成の60年」（高橋亀吉著）の上巻にその間の事情が詳述されてゐる。

注2　「文藝春秋」昭和五十七年七月号「明治人の真剣さに学ぶ」（岡崎久彦）

注3　もとフィリピン兵であつたマルコス前大統領は、フィリピン人が前線で日本軍と戦つてゐる間、米兵は皆後に隠れてゐた、と証言してゐる。

注4　「財界」昭和五十五年十月号の瀬島龍三氏の談話にその生々しい証言を見ることができる。

注5　「VOICE」平成元年八月号　拙論「日本国憲法のたたかい——『戦後』のかたちを求めて」参照。

「国際社会」の国際化のために

絶望的な皮肉

あるアメリカの友人に、君たちは「国際化《インターナショナリゼーション》」といふ言葉をしきりに使うが、英語にはない意味らしくて分らない、と言われたことがある。たしかに、この言葉、響きはいいけれども、意味は全く曖昧この上ない。(注1)

からいふ一文を、先日、ある雑誌の記事に見かけました。何といふこともない短い随筆の書き出しの唯の枕――おそらくは、書いた人もさう思ひ、読む者もさう思つてすませてしまふ類の一文でありませう。けれども、この一文には、見逃してはならない、或る重大な「ずれ」が語られてゐます。語られてゐる、といふよりは、むしろ「一瞬のぞき見える」と言つた方が近いかも知れない、そんな仕方で幽《かす》かに告げられてゐるにすぎません。しかし、その定かならざる語られ方それ自体が、その「ずれ」の重大さを示してゐます……。

ここに言はれる通り、たしかに我々は「国際化」といふ言葉を「しきりに」使ひます。殊に、ここ一、二年間のこの言葉の使はれ方には、一種「ただならぬ」といふ形容のふさはしい趣きさへあります。我々にとつてこの言葉が、いまや一つの「国民的標語」となつてゐるといふことは、疑ひ得ない事実と言へませう。

「国民的標語」と言ひますのは、ただ単にしきりに用ゐられてゐる、といふだけのことではありません。そもそも世の中には、いつでもその時どきの標語といふものがあつて、それを掲げてみせるだけで「論をなした」ことになる。いはゆるオピニオンなどといふものは、大方さうしたものであります。ただし、たいていの標語には、それと正反の対をなす、もう一つの標語が表裏一体となつてゐて、片方を掲げる者があれば、必ず他方を唱へる者がゐる。たとへば「教育の自由化」を掲げる者があれば、それに対して「教育の機会均等」を唱へる者がある。「コムピュートピア」を唱へる者があれば、「テクノストレス」を警告する者がある、といつた具合に均衡をとつてをります。

ところが、この「国際化」にかぎつては、それに対して掲げらるべき「反」のプラカードといふものがありません。もし在るとすれば「攘夷」といふ言葉がそれにあたるでせうが、今の世の中に、この言葉は標語となることを許されてをりません。ですから、この標語は本当の挙国一致の標語、すなはち「国民的標語」なのであります。その「国民的標語」が（英訳しても）アメリカ人に通じなかつた――皮肉と言へば、これほど皮肉な話はありますまい。この言葉を掲げて、日本人は国中こぞつて「世界に通用するやうになること」を目指してゐる。ところが他ならぬその言葉自体が「世界に通用」しないといふのですから、これはまさに絶望的に皮肉な話と申せませう。

この絶望的な皮肉を、冒頭の一文の筆者は、いとも簡単にすり抜けてしまひます。

「たしかに、この言葉、響きはいいけれども、意味は全く曖昧この上ない。」

しかしはたして、「曖昧」でさへなければ、「国際化」はそのまま「インターナショナリゼーション」としてアメリカ人に通じるものなのでせうか？　この筆者の「国際化《インターナショナリゼーション》」といふ無雑作なルビの振り方は、あたかも、そのやうな疑問は入り込む余地もない、と言つてゐるかのごとくです。

実際、「国際化」といふ日本語は、もともとからある日本語ではありません。言ふならば、**internationalize** といふ英語に型紙を合はせて切り抜かれたも同然の、いはゆる翻訳語であります。[注2] 両者の間に「ずれ」の生じる筈がない、と思ふのは自然なことと言へませう。

しかし、それにもかかはらず、このエピソードは、日本語と英語の「国際化」の間に、何か厳然たるずれの在ることを疑はせます。

「英語にはない意味らしくて分らない」と、かのアメリカ人は言つた、といひます。「英語にはない意味」――それでは、英語ではこの言葉はどういふ意味をもつのでせうか？　我々は英語でのこの言葉をよく知つてゐるやうな気になつてゐるけれども、実は本当は少しも知らないのではありますまいか？　論より証拠。いま、実際に英語の字引を繰つて、この言葉の本当の意味を調べてみることにいたしませう。

internationalize の項をみますと、まづ最初には、**to make international**[注3]（国際的な

ものとなすこと）又は to render international in character or use[注4]（その性格、利用に於いて国際的なものとなすこと）とあります。国語辞典の「国際化」の項に「世界に通用するようになること」[注5]とあるのと、ほとんどかはりがないやうにも見えます。

しかし、よくよく眺めると、両者の間には、ごく微妙な、しかしはつきりとした違ひが認められます。すなはち、英語の internationalize は、何かを「何々となす」といふ他動詞であるのに対して、日本語の「国際化」は「何々になる」こととして説明されてゐる。これは一見些細な違ひのやうですが、実は非常に重要な相違であつて、この相違のもつ意味は、話が進むにつれておひおひ明らかになつてゆく筈であります。

この相違は、何よりも、実際にこれらの言葉が使はれてゐるところを見てみますと、ハッキリといたします。たとへば、日本語で「大学を国際化する必要がある」と言ひます。形の上ではこの「国際化」も他動詞のやうに見えますが、意味の上から申しますと、実はさうではない。このやうな言ひ方で、外国の大学の話をすることは、まづあり得ないからです。たとへば、フランスの大学に対して、もつと日本人スタッフを増やすやうにと要求して「大学を国際化する必要がある」と迫る――さういふ言ひ方は日本語には存在しません。国際化されるべきは必ず日本の大学なのです。

「大学を国際化する」にせよ、「流通機構を国際化する」にせよ、日本人にとつて、すべての国際化はみな「自らが国際的なものとなる」ことの様々な変形《ヴァリエイション》に他ならないのです。他者をどうにかするのではなくて、自分達が何かになつてゆく――これが日本語の「国際化」の構造である、と言へませう。

これに対して、英語の**internationalize**の方は、正真正銘の他動詞です。国際法上の言葉で「運河を**internationalize**する」といふ言ひ方がありますが、その場合にも、当の運河が自国の運河でなければ、などといふ遠慮はありません。たとへば一八八五年（スエズ運河の国際化の三年前）、英誌スペクテイターに「スエズ運河は**internationalize**されねばならぬ」といふ表現が見られます。[注6] 当時、スエズ運河会社の株の半分はすでに英国が買収済とは言へ、もちろん、運河の流れてゐるのはエヂプト領内であつて英国内ではない。しかし、そんなことにはお構ひなく、英国人は平気でこのやうな表現を使つてゐます。他国の運河を堂々と「国際化せよ」と言ふ――それが

internationalize といふ言葉なのです。

この両者の違ひを見て、ごく当然の相違ではないか、と言ふ方もありませう。何と言つても、日本はまだまだ完全な「国際社会」の一員となつてゐないのだから、これからもつともつと自らを国際化してゆかなければならない立場にある。これに対して欧米諸国はすでに充分国際的であるので、今更、自らを国際化する必要もないのである、と。或る意味では、まさにその通りであります。しかし、その事実――我々がすでに余りにも慣れつこになつてしまつてゐるその事実を、もう一度あらためて眺め直してみますと、これは実に呆然とするほど不思議な事実なのです。

その事実を、もつと詳しく具体的に眺めてみるには、他ならぬこの internationalize といふ言葉がよい手がかりとなります。英語の字引にもどつて、internationalize の項を見てみますと、今しがたの説明につづいて、次のやうな具体的な定義がしるされてゐます。

To bring (a country, territory etc.) under the combined government or protection of two or more different nations.(注7)――(国、領土等を)二ヶ国以上の共同統治又は保護のもとに置くこと――

これは多くの日本人にとつては、あまり馴染のない語義であると言へませう。我々自身はかういふ意味の言葉を使ふ機会を持たないから、といふばかりでなく、何か我々の抱く「国際」といふイメーヂと、この言葉の含むものとが相容れない——さういふ言はく言ひ難い違和感を感じるに違ひありません。どうも、国際化といふ言葉が、もともとの英語でこんな意味に使はれてゐるといふのは解せない。これはごく特殊な用法にすぎないのであらう、と我々は思ひたくなります。ところが、この **inter-nationalize** といふ言葉が十九世紀の後半になつてはじめて使はれ始めたとき、それはまさにこの意味に於いて使はれ始めたのです。これは決して特殊な用法でも派生的な意味でもなく、むしろ、これから見てゆく通り、**international**（国際）といふものの構造をこの上なく典型的に表はした、非常に本質的な語義であるとさへ言へるものなのです。

それを理解するのには、まづ実際にこの言葉がどんな風に使はれてゐたのかを見てみるのが一番です。

An earnest appeal to the Government at Berlin to unite with England in internationalizing the Congo.(注8)——コンゴを国際化するにあたつて、英国と一致協力す

るやうにとの、ベルリン政府への熱心なる訴へかけ——

　これは一八八三年、コンテムポラリィ・レヴューといふ雑誌に載つてゐたといふ一節ですが、この「コンゴの国際化」とはいつたいどんなことを指すのでせうか？　たとへば、コンゴの産業が国際競争力をつけて、英国やドイツにどんどんと企業進出できるやうに両国がとりはからふ、などといふことでないのは勿論です。それどころか、コンゴといふ国の在り方を、「国際社会」の一員たるにふさはしく整へてゆかう、といふことでさへない。何の話なのかと言へば、これは、コンゴを欧米諸国間で仲よく山分けにしようといふことなのです。

　当時の事情に即して申しますと、コンゴではちやうど、ベルギー王レオポルド二世が「コンゴ協会」なるものを設立したところで、このままゆけばいづれは（実際にさうなつたやうに）正式のベルギー領となりさうな按配です。一方、ここに登場する英国は、アフリカ縦断政策をとつて南北から伸びようとしてゐますが、その障害となつてゐるのが、このコンゴ盆地にかけての中央部で、一部英国領がとぎれてしまつてゐることです。したがつて、このコンゴ盆地を自国の領土とすることはかなはないまでも、ぜひともここに交通の自由だけは確保しておきたい。つまり、コンゴを、一国の占有ではなく、（英国を含めた）複数国の共同統治のもとに置かう——これがここに言ふ「コンゴのinternationalizing」の意味だつたといふ訳です。

この通り、実はもつぱら自国の利益のための提案であるとは言へ、欧米諸国間の話として考へるかぎりでは、この「コンゴのinternationalizing」に、本質的な不都合は見られません。

アフリカ大陸に於ける植民地領有の競争は、十九世紀の後半に入つて激しさを加へますが、その一方で、それを理性的に解決しようとする協調の試みもみられます。この翌年、一八八四年に開かれるベルリン会議がその代表的なものでありますが、その基本方針を一言で言へば、何事も一国でひとり占めしようとせず、理性的に分け合はう、といふことに他ならなかつた。すなはち、internationalize しよう、といふことでありました。ですから、そのかぎりでは、internationalize とは、協調と平和の言葉だつたとも言へるのです。

しかし、ひとたびこれをコンゴとの間の話として考へるならば、こんな傍若無人の話はありません。そもそもここには、正確に言ふならば、「コンゴとの間《inter》の話」といふものが存在しないのです。

internationalize が協調の言葉であると言へるのは、その "inter" (間) が、相互の譲り合ひの橋として、国々のあひだを結んでゐるからですが、実はその橋は欧米諸国といふ nation 達の間にしか架つてゐない。コンゴと欧米諸国のあひだには、何の "inter" もなく、ただぱつくりと深淵が開いてゐるばかりなのです。

それでは、ここでのコンゴとはいつたい何なのかと言へば、ただ、この他動詞 internationalize の「目的語《object》」であるにすぎません。あとでこの「object であるにすぎない」といふことがどういふことであるかは、更に詳しくお話することになりますが、さしあたつては、それ自身の意志、それ自身の原理といつたものを一切認められることなく、ただひたすら利用されるのを待つてそこに「在る」にすぎないやうなもの、と考へていただければ間違ひありません。言つてみれば、ここに言ふ「コンゴ」は国といふよりはただの「拡がり」と考へられてゐるのです。

でも現実に、当時のコンゴはそんなものだつたではないか、と言ふ方があるかも知れません。それから百年近くたつて独立した後でさへもが、あのていたらくだつたではないか、と。しかし、くれぐれも忘れないでいただきたいのは、コンゴをはじめとするアフリカの各地域とも、少なくとも十五、六世紀の頃までは、決してそんな風だつた訳ではない、といふことです。その形態こそ近代欧米諸国とは異なれ、さまざまの王国が栄え、すでに高度の文明が各地で発達をとげてゐた。(注9) それを決定的に破壊したのは他ならぬ白人達であります。三百年間にわたる奴隷のつみ出しと、それに伴ふ諸部族の抗争の煽動によつて、いはば内と外の両側から、アフリカ大陸の「文明」を崩壊させていつた(注10)──ちやうどそれは、原野を開墾しようとする人が、まづ現にいま青々と茂つてゐる草木を根こそぎにすることから始めるのと似てゐます。アフリカの植民地化に先立つて、ヨーロッパ人達は、そこにすでにあつた文明と秩序とを、容赦なく「鋤《す》き返し」ていつた──一八八三年、コンゴにはまだ国と称するに足るものがなかつたのではない。もうなかつたのです。

その事実を思ひ返してみると、この「コンゴの internationalizing」といふ言葉に秘められた残酷、苛酷は明らかでありませう。本来が首も手足もあるものを、胴体だけに切り落としておいて、さてそれをどう山分けし、どう「保護」しようかと言つてゐる──さういふ言葉であります。とても「この言葉、響きはいいけれども、意味は全く曖昧この上ない」どころの騒ぎではありません。

そして、これが、英語の **internationalize**（国際化）といふ言葉の姿なのです。

概念の狭さ

いつたい、このやうな苛酷さは、どこからどうやつて、この internationalize といふ言葉の中にしのび込んだのでせうか？

それが、偶々現実の不運な成り行きによつて生じたものなどでないことは明らかであります。言ふならばそれは完全に「構造上」の問題であつて、いまの「コンゴの internationalizing」に見られたやうに、欧米諸国とコンゴとの「間《inter》」といふものが存在しない——そこに問題の中心があることは確かです。

このことは、言ひ換へれば、「international（国際）」といふ概念が、コンゴといふものを自らの視野の内にとり入れる能力を欠いてゐる、といふことでもあります。あるいはこれを、「international といふ概念の狭さ」と言ふこともできる。そして、このことこそが、いま我々の探らうとしてゐる問題そのものなのです。

日本人の普通の言葉の感覚からしますと、「国際概念といふものの狭さ」といふ表現は、何か形容矛盾のやうにも思へます。日本語の「国際」なる言葉は、まさに広さそのものを表はしてゐるからであります。「広さ」ばかりではない、「正しさ」「美しさ」、その他ありとあらゆる「よきもの」の意味が、この日本語の内にはこめられてゐます。

そのこと自体は、決して幼稚なことでもつまらないことでもありません。「国際」といふ言葉をそのやうに考へられる、といふことは誇るべきことでさへある。けれども、我々独自の、美しい「国際概念」がそれとして活かされるためには、一度は、どうしてもこの international といふ陰惨な概念を、それとして眺めることが必要になるのです。

いま、international といふ言葉の歴史をふり返つてみると、それのもつ「狭さ」は、この言葉の誕生以来のものであることが解ります。

この言葉の誕生は、さう昔のことではなくて、一七八九年、英国の学者ベンタムが、その著「道徳並立法原理緒論」に於いて使ひ始めたのが最初の用例であります。この中でベンタムは、従来「万民法」の名で呼ばれてゐた国際法を言ひ表はすのに、「international な法」といふ言葉を用ゐ、これを自らはつきりと新造語であると断つてゐます。(注11) すなはち、この言葉は「国際法」といふ表現のためにあみ出されたものなのです。

実は、我々がいま「国際法」と呼ぶやうなものも、昔から今の通りの形であつたものではありません。二国間にまたがる法律や条約といふもの自体は、五千年もの昔から在りましたが、一国一国が主体となつて、互の間にとり結ぶ法秩序のネットワークとしての国際法、といふ考へ方は、十五、六世紀に入つてから段々と出てきたものなのです。それ以前のヨーロッパに於いて国際法にあたる役割をなしてゐたのは、ここにも名前のあがつてゐる「万民法《ユス・ゲンテイウム》」といふものでありましたが、その本来もともとの意味は「国境をこえて万民ひとりひとりにくまなく適用しうる法」といふ意味であつて、これは今で言へば国際私法にあたるものでしかありませんでした。(注12) ですから、すでに近代的な国際法の概念の完成してゐた、十八世紀のベンタムの時代には、彼の言ふ通り、「万民法」といふ古い名は、すでに言はば寸足らずになつてゐた。そこへまさに、新しい国際法の概念に寸法を合はせた新しい名として、この **international**（国と国との間の）法といふ名が産み出されたのであります。

では、その新しい国際法概念の全体の「寸法」なるものはどれだけの大きさだつたのかと言ふと、それは地球と同じ寸法だったのではない。ちやうど「ヨーロッパ」といふ大きさの寸法でしかなかったのです。

ヨーロッパ大陸には、このベンタムに前後して、近代国際法の大学者達、ヴォルフ、ヴァッテル、モーゼル、マルテンスといつた人達が現はれてをりますが、誰もみな一様に、ヨーロッパ諸国間のこと（稀にせいぜいが欧＝米間のこと）として国際法を論じてをります。たとへばモーゼルの主著は『最新ヨーロッパ国際法試論』と題されてをり、また別の著書ではハッキリと「今日のヨーロッパ国際法を記述するといふ建前から、新旧を問わず、他のすべての非ヨーロッパ国家を除外し」て話をすすめるのだと断つてゐます。(注13) そして、そこで除外された非ヨーロッパ国家に関することを、どこか別の著書に於いて語つてゐるかと言へば、さういふ論述は格別どこにもない。八十五年近い生涯をかけて、この「国際法」学者は、ただヨーロッパ国際法のことしか書いてをりません。しかしそれは、この人がたまたま狭く専門をヨーロッパ国際法にかぎつてゐたからといふ訳ではなくて、当時の国際法がさういふものだつたからであり、また、それを怪しむ者もゐなかつた。要するに当時の「国際法」は、非ヨーロッパ諸国との「国＝際」を考へるやうには出来てゐなかつたのです。

かくのごとき、近代国際法といふものの当初の狭さは、決して単に技術的な問題として片付けてしまへるやうなものではありません。たしかに近代の国際法理論といふものは、現実に結ばれた条約や協定を基にして築かれていつたものであり、十七、八世紀にはまだ、非ヨーロッパ諸国を当事者とする正式の国際条約や協定は存在してゐなかつた。それは事実です。しかし、当時の現実のヨーロッパをふり返つてみるに、とうてい、非欧諸国との交渉がない、などといふ状態ではありません。すでに、十七世紀に入つたとたんに、英、蘭、仏の東印度会社が次々と設立されたといふ時代です。むしろ、それら非欧諸国との間に正式の「国際関係」の成り立つてゐなかつたといふことこそが、不思議な事実と言ふべきでありませう。

したがつて、たまたまヨーロッパの外との条約が存在しなかつたので近代国際法はヨーロッパのことのみを扱ふやうになり、その結果として international の概念も狭く切り取られて出来上つた、といふことではない。何か、より根本的な「狭さ」といふものがヨーロッパ人全体を縛りつけてをり、それが、現実の歴史の上にも、国際法理論の構築の上にも、そして international といふ概念の形成の上にも、不可分一体となつて影響を及ぼしてゐた——さう考へる外はないのです。

「能動的主体」の特質

それでは、その「何か、より根本的な狭さ」とはどういふものなのか？　それを考へるためには、思ひ切つて根元の方から問題を考へてみる必要があります。つまり、このやうな「近代国際法」といふものをあみ出した近代ヨーロッパ人達といふのは、どういふ人々だつたのだらうか？　その人々の在り方の、どんな処がこのやうな事態を招いたのだらうか？　さういふ仕方で考へ始めることが必要です。

そもそも近代ヨーロッパ人の基本的性格とは何だつたのか――それを一言で言ひ表はすならば、それは「能動的主体」としての在り方だ、と言へます。「能動的」といふのは、ただよく動き回る、といふことではありません。それは、「対象物《object》」を自らの意志によつて意味づけ、動かすもの、といふ意味であります。その「対象物」は物であつても人であつても土地であつてもよい。およそ自分以外のまはりのもの一切が「対象物」となりうるのですが、それを何か全く受動的なものとして扱ふ、といふことがこの「能動的主体」の特色であります。言ひ換へれば、自分のあひ対する一切の物から、その自律性をはぎ取り、それを自らの支配のもとに組み入れなければ止まぬ——それが「能動的主体」といふものの構造なのです。

或る意味では、このやうな「能動性」は、人間が人間となつた瞬間から、不可避につきまとつてきた運命とも言ふことができます。ただし（あるいは、だからこそ）、大方の文化に於いては、この怪物をコントロールするための、数々の無意識的、意識的工夫がこらされてきました。仏教などといふ宗教は、そのコントロールの洗練の極致とも言ふべきものであります。ところが、近代ヨーロッパ文化に於いては（おそらくは、キリスト教文化とギリシア文化の両者の化合によつてもたらされた、或る異常な化学反応のために）、そのコントロールが完全に失はれてしまつた。人間のもつ能動性ばかりが、バランスを破つて異常に発達させられてしまつたのです。

一人一人の人間ばかりではない。人々の集つて作り上げる「国」それ自体が「能動的主体」としての性格を帯びて、人間一人一人の「能動性」と衝突し合ふやうになる。又、他の国々に対してその能動性を発揮しなければすまないやうになる——近代ヨーロッパの歴史をふり返つてみれば、まさにこのやうな「能動的主体」そのものがその主役だつたことが明らかに見てとれませう。

さて、そのやうな「能動的主体」である国々が、互に隣合つて肩を並べて暮らしてゆかなければならないとなつたらどうでせうか？　それがどんなに厄介なことであるかは、想像するに余りあります。各々が自ら「能動的主体」として立たうとする、といふことは、言ひ換へれば、各々が互を単なる「対象物《object》」として自らの意のままに支配しようとする、といふことに他なりませんから、まさに「万国が万国にとつての狼となる」状態が出現することになります。そして実際、中世から近代を通じてのヨーロッパ内部での血なまぐさい争ひの歴史は、それが現に出現したことをもの語つてゐるのです。

この互同士の絶え間のない闘争を避けようとするならば、各々が少しづつ自らの能動性を犠牲にし合ふための公平なルールを作る他ありません。近代国際法といふものはまさにそのやうにして出来上つてきたものであつて、言ひ換へれば、「能動的主体」である国家群が、各々自らの「能動的主体」であることを相互から守るために、どうしてもあみ出さざるを得なかつたネットワーク――それが「近代国際法」といふものだつたのです。

ですから、それがヨーロッパの範囲だけに出来上つたといふことは当然の成り行きだつたと言へます。近代ヨーロッパ諸国のやうに特殊な在り方（能動的主体としての在り方）をした国以外は、このやうなネットワークによつて互に牙を抜き合ふ必要がなかつたからです。

（これは勿論、近代ヨーロッパ以外の国々では戦争が起らなかつたとか、侵略がなかつたとかいふことではありません。国々の在るところ必ず戦争はあり、侵略もあつた。しかし、或る一地域の国家群が、その侵略的性格に対する文化的なコントロールをそつくり一斉に欠いてゐる、といつた異常な事態は、おそらく近代ヨーロッパをおいてなかつた、と言へませう。）

しかし、それればかりではありません。international といふネットワークは、それが他の地域では必要なかつた、といふ消極的な理由によつてばかりではなく、そのネットワーク自身の、或る積極的な必要に基づいて、このやうに狭くなければならなかつた。そして、まさにそれ故にその狭さは「苛酷な狭さ」となつたのです。

どういふことかと言ひますと、この international といふネットワークは、元来が「能動的主体」として在る国々が、互の能動性を少しづつ犠牲にし合ふことによつて、互を互から守るべくこしらへ上げられたものであります。したがつて、その成り立ちそのものからして、各々の能動性を守るために各々の能動性を縛る、といふ矛盾した性格を持つことになります。その中にゐる者から言へば、折角自分達の能動性を確保するためにこしらへたものが、現実にはもつぱらそれを抑へるためにしか働いてくれない、といふのでは、こんなつまらないことはありません。

この「相互犠牲《ゼロサムゲーム》」といふ矛盾を避けて、しかも尚 international といふネットワークを保つてゆく唯一の方法は、その外に、自分達の能動性を思ふさま発揮することのできる、「対象物」の世界を持つことであります。これがまさに、近代ヨーロッパにとつてのアジアであり、アフリカであつたのです。

近代ヨーロッパ人達がアジアについて強調する「静謐」と「停滞」のイメーヂ、アフリカについて抱く「未開」と「自然」のイメーヂは、いづれも、両地域の特色そのものを表はしてゐるといふよりは、近代ヨーロッパがその両地域に要請したものを示してゐると言つた方があたつてゐます。すなはち、彼等のネットワークが本来の機能をはたすためには、そのやうにもつぱら受動的であり、彼等の思ふままの利用と分割を許す白紙の素材でしかないものが、そのネットワークの外に拡がつてゐてくれなくてはならなかつたのです。

先ほどのあの internationalize といふ言葉は、このやうな international の「内」と「外」との関係を、この上なく典型的に表はしてゐると言へます。この言葉の主語となるのは、常に、「能動的主体」である国々であり、目的語《object》となるのは、international の「外」であります。この動詞は、（日本語のやうに）その「外」を「内」へと変化させてゆく動きを表はすのではなく、あくまでもただ「外」の「対象物《object》」が対象物として共有され、利用される様を描くのみです。ですから又、皮肉なことには、それら「対象物」の存在がこの言葉を成り立たせ、支へてゐたとも言へるのです。それが証拠に、植民地といふものが彼等から失はれてしまつた今、もはやこの言葉を生きた言葉として使ふ機会はなくなつてしまひました。(注14)

この奇妙な「依存的排他性」とも言ふべきものが、international の狭さの本質を形造つてきました。このこと故に、現実の「外」の世界との接触にもかかはらず、international は「狭いもの」として保たれたのであり、又、その狭さが、「外」にとつては常に苛酷なものとして表はれ続けたのであります。

しかし、現在ではinternationalといふものに「内」も「外」もない——かのごとくに見えます。国際社会の中心機関である国連の、加盟国の過半数が非欧米諸国であることを見れば、そのことに疑ふ余地はないやうに思はれます。けれども、それでは一体、internationalの「内」と「外」とはいかなる形で解消していつたのでせうか？それははたして、本当にinternationalの狭さが克服された、といふことだつたのでせうか？

国際法の歴史を眺めてみますと、internationalの「内」と「外」とのカッキリとした境界線が揺らぎ始め、いくつかの非欧米諸国が一応正式の国際条約の当事国として登場するやうになるのは、十九世紀後半になつてのことです。はじめの内はまだ、さうした国々の数は少なく、条約自体もはなはだ不平等なものが多かつたのですが、ここで問題にしようと思ふのはその数の少なさや不平等のことではありません。もつと根本的な問題、すなはち、それらの国々にとつてinternationalの「内」側に入る、といふのはどういふ出来事だつたのか？　といふことであります。そしてそれを見てみると、実はinternationalの狭さといふものは、解消したのではない。ただ形を変へた、にすぎなかつたことが解るのです。

いまそれを、実際の歴史の上にさぐつてみることにいたしませう。それを最もはつきりとした形で教へてくれるのは、十九世紀半ば過ぎからのトルコの歴史であります。トルコがはじめて正式に国際条約に参加したのは、一八五六年のパリ条約に於いてであり、非欧米国の中ではもつとも初期の国際条約参加の一例をなしてゐます。当時この出来事は、恩着せがましくも「ヨーロッパ公法と協調の利益への参加」などと呼ばれたものですが、現実にはトルコにとつて、これは「利益」どころか「悲惨」をもたらしたにすぎませんでした。クリミヤ戦争の戦費の借金を主とする、英仏へのトルコの負債は莫大な額にふくれ上つてしまひ、十九世紀末には一切の財政権を英仏の手に握られてしまひます。かつて世界第一の大帝国であつたオスマン・トルコが「瀕死の重病人」などと呼ばれて、ヨーロッパ各国の利権の争ひの的となるのもこの頃のことであります。第一次大戦中には、英仏露の間にサイクス・ピコ条約なる秘密条約が交され、トルコの分割がひそかに企てられる。また現に、その密約に基づいて、英軍は首都及び、ボスポラス・ダーダネルス両海峡を占領してしまひます。

これら一連の出来事が示してゐるのは、形式上international の内側に入るといふことは、ほとんど何の「保護」をも保証しないのであつて、「能動的主体」として在る国々の苛酷な力は、そのネットワークの「内」に在るものに、或る意味ではもつと直接に及んでくる、といふことであります。つまり、他のメムバー達と同じ位に強力かつ攻撃的にならないかぎり、本当の意味での「ヨーロッパ公法の協調と利益に参加」することはできない――そのことをハッキリと見て取り、かつそれに対処したのがあのケマル・パシャであります。(注15)

彼は、第一次大戦後の絶望的な劣勢をはね返して、周辺諸軍とヨーロッパ勢力をうち破り、実力で本物の独立を勝ち取ります。しかし、更に重要なのは、独立を勝ち取つてからの、彼の取つた大胆きはまりない「近代化」政策であります。

それはほとんど「国体の変革」といふにふさはしい、誠に思ひ切つた大変革でした。単にカリフ制を廃止したといふだけではありません。イスラム聖法を無効とし、近代的な共和国憲法を最高国法と定め、学校での宗教教育を禁じ、イスラム暦を太陽暦にかへ、アラビア文字を廃止してローマ字をもとにした新文字を作る。女性のヴェールは禁止され、男達もトルコ帽を禁止される……およそありとあらゆる分野にわたつての大改革が実施されます。これがいかなる大変革であつたかは、元来が宗教といふものに縛られぬ「政教分離」の国であつた我々には、想像もつかぬものと言へませう。イスラム教といふものは、本来が政教分離せず、人々の日々の行ひの全体を律することによつてイスラム教である、とも言へるものなのですから、このやうなトルコの「改革」は、イスラム原理主義の立場からすれば、国教そのものの破壊、とさへ評しうるでありませう。

しかし、何故そんな大変革をケマル・パシャは行つたのかと言へば、トルコには、さうする以外に道がなかつたからなのです。そのやうに徹底して自分達の原理をたわめて、「彼等のやり方」を身につけることが、生き伸びるための唯一の方法だつたのです。「彼等のやり方」を身につけることなくinternationalの内側に入り込むことが、どんな悲惨を招くかを、ケマル・パシャとトルコ国民は身にしみて知つてをりました。だからこそこんなとてつもない変革を、国をあげて行ふことができたのです。

たしかに、これら一連の近代化は、独立後の民族的昂揚の内に、一種の民族運動として行はれたものであります。また、その内容はすべて合理的なものであつて、不都合なものは少なかつた。或る意味では、これはケマル・パシャとトルコ国民の成し遂げた「大偉業」であつたとさへ言へるものです。けれども、何故そんな大偉業がなされなければならなかつたか、を振り返つてみると、それが示してゐるのは、international 社会が、その内側に入つて来た者に及ぼす、苛酷なる強制力に他なりません。大偉業であればあるだけ、それは「悲しい大偉業」だつたのです。

おぞましい「標語」

この強制力こそは、トルコの独立よりはるか半世紀以上も前、明治の先人達が直面したものでもありました。(注16)「富国強兵」といふ当時の標語は、この強制力の本質を示してをります。「富国強兵」なしに international のネットワークに巻き込まれることがどのやうに悲惨なことであるかを、日本人達はあらかじめよく洞察してゐたのです。富国強兵策といふものを、単なる物真似であるとか、或は「支配階級の陰謀」であるなどと思ふ人は、一度トルコの歴史を見てみるがよい。いかにそれが、当時の日本ののつぴきならない選択――それ以外に選択の余地のない選択――であつたかが悟られるでありませう。「富国強兵」は決して勇ましいスローガンなどではない。「力」といふもの、「支配」といふこと——それが唯一の最終的な目標であるやうな圏域の内に否応なしに巻き込まれてゆく者の、これは悲しく、おぞましい「標語」だつたのです。

それでは一体、「国際社会」に新たに参入しようとする者に及ぼされるこのやうな苛酷な強制力は、日本やトルコのやうに、ごく初期にぽつりぽつりと加はつていつた者達だけの経験したものなのでせうか？　第二次大戦後、圧倒的な多数をもつて非欧米諸国が国際社会のメムバーとなつた時、その国々は、もう「多勢に無勢」といふ悲哀を味はふことなくすんだのでせうか？

決してさうではない。どれだけの数の新参者があるかなどといふことには頑として御構ひなく、「国際社会」は相変らず「彼等のやり方」にすべての者の従ふことを要求したのです。

そのことをこの上なくよくもの語つてゐるのは、戦後の国連の国際法委員会でのやり取りを伝へた、インドのパル判事の次のやうな言葉です。

第一次大戦末期以後に独立した三〇ないし四〇の国家にとっては、かれらがその制定に手をかしもせず、むしろ、多くの場合、その利益と相容れない国際法規にどの範囲まで拘束されなければならないかは疑問とされた。それに対する形式的な解答としてもちだされるのは、ごく単純なものであって、国家が国際社会に加入すれば、その規則や制度に自動的にしたがわなければならないというふうにいわれる。しかし、問題の実体はもっと複雑であり、また、困難なものであるというふうに主張された(注17)。

本来「国＝際＝法《くにとくにとのあひだの法》」といふものは、そこに参加するすべての国々の慣習や文化を考慮し、その社会を損ふ恐れのないものでなければなりません。したがつて、理想を言ふならば、国際社会が一人新しいメムバーを迎へ入れるたびに、国際法体系の全般に渡つての再調整が必要となる。そこまで厳しく言はないまでも、今回のやうに圧倒的な数の、しかも従来の成員とは大きく慣習、文化の異なる国々が参入してきたからには、非常に大幅の、ほとんど劇的な変更、調整が必要となる——ここでの新興国の主張の根本はさういふことであります。

これに対しての、先進国側のこのにべもない返答ぶりはどういふことなのかと言ひますと、表向きこれは「慣習法」といふものの定義にのつとつて答へてゐるとも言へます。国際法には、条約法と並んで慣習法といふものが一つの柱をなしてゐて、これは、教科書の定義そのままを言へば、「諸国の慣習を基礎にして成立し、国際社会を構成するすべての国を拘束する」(注18)ものであります。つまり、自らはそのやうな「慣習」を持たない国であつても、すでに国際社会の内で「慣習法」として認められてしまつたものには、それこそ「自動的に従はなければならない」ことになる訳なのです。

勿論、ここでの新興諸国は、そんな定義は百も承知の上で、むしろそのやうな、十九世紀後半以来の慣習法の扱ひ方それ自体を見直すべきだと主張してゐるのですが、それについては先進国側は全く知らん顔をしてゐる。ここに見る限りは、international の先住者達は、新しいメムバー達のための新たなる相互調整を頑として拒み、あくまでも「自分達のやり方」に従ふことを要求してゐます。

たしかに、古顔のメムバーにとつては、新入りの為にわざわざ規則を決め直すなどといふことは、煩はしいことに違ひありません。けれども、それを怠るとどんな結果が生じるかといふことも考へてみなければなりません。たとへば、国際法の基本的な前提条件となる「定つた国境をもつ」といふことが、或る地域では致命的な結果を招くことがあります。最近のアフリカのひどい飢餓は、もちろん異常な旱魃が原因でありますが、同時に、昔ならば緑を求めてアフリカ大陸を自由に移動してゐた人々が、「国境」にはばまれてそれができなくなつてしまつた。それが大量の餓死者を出す一因となつてゐることは確かです。欧米先進諸国の人々にとつては、ほんの何でもない常識にすぎないことが、思ひもかけない残酷を生む、といふことはあるものなのです。

しかも、問題は、「国際法」といふ明確な形をとつて表はれた部分にかぎられるのではありません。この「国際社会」といふものは、欧米人達があらゆる分野に於いて永年築き上げてきた有形無形のシステムの総体であり、社会、経済、風俗、言語その他さまざまの領域のいづれに於いても、彼等と「同様」でない人間達には住めないやうに出来上つてゐるのです。

まさに「問題の実体はもつと複雑であり、また困難なもの」であります。その複雑と困難の前にあつては、たとへば近年の「新国際経済秩序（ＮＩＥＯ）宣言」などといふものも、本当にそれを根本から解決するための「新秩序」、と呼ぶのにはほど遠いので、むしろそれは、「国際社会」のその強制力に押しつぶされかけた者達のあげる必死の悲鳴、とも言ふべきものであります。

おそらく、この宣言を提唱した国々の内のいくつかは、ここにうたはれてゐる「科学技術の利益享受権」などを活用して「離陸」してゆくでありませう。しかし又、多くの国々が必ず取り残されて、更に一層惨めな状態に陥ることでありませう。

「普遍」といふ考へ方

何の斟酌もなしに言ふならば、現在の地球上に、本当の意味での「国際社会」と呼べるやうなものはまだ存在してをりません。存在するのは、以前 international の名に於いて形造られた或る組織の残骸であつて、その窮屈な骨組をそのままに、あちこちにつぎはぎをあてて、いはば「廃物利用」してゐるのが今の国際社会といふものであります。

いま我が国でしきりに言はれる「国際化」といふことも、実はその窮屈な骨組に合はせるための応急処置でしかありません。「国際社会」のやり方と我々のやり方とは、ことあるごとに喰ひ違ふ。これはあたり前の話なので、「国際社会」は我々の流儀を計算に入れないままで「国際社会の常識」を作つてしまつてゐるからです。しかし我々は、あの国際法委員会での新興諸国のやうに、それは可笑《をかし》いぢやないかと異議を申し出る代りに、手つ取り早く、自分のやり方の方を「彼等のやり方」に合はせてしまふ。それが我々の「国際化」といふものなのです。

相手を変へるかはりに自分の方を変へてしまふといふこのやり方は、我々にとつては、それほど難しいことでもなく、又、それによつて決定的に何かが壊れてしまふといつたことでもありません（壊れてしまふ恐れのある時には「変へたふり」だけする、といふ器用なことができるからです）。けれども、この「国際化」といふことについて、忘れてならないのは、これは日本だけが強ひられてゐる特殊な課題ではないのだ、といふことであります。全世界の非欧米諸国が、同じことを強ひられてゐる。そして、日本のやうに無傷でそれをやつてのけられる国は、ごく特殊な例外であつて、日本よりよほど「国際化のすすんでゐる」やうに見える国も、実はそのことのために深く傷ついてゐる。また、もつと多くの国々は、全く国際化することができないといふそのことのために痛手をかうむつてゐる。どちらであるにしても、「国際化」とは、すべての非欧米諸国が否応なしにさらされてゐる、或るきはめて苛酷な強制力の存在を告げ知らせる言葉なのです。

もしも、本当に世界中の国々のための、新しい国際社会の仕組を考へるのであれば、まづ何よりもそれは、現在のやうに一方的な「国際化」を前提条件にするものであつてはならないといふことが言へませう。

それでは、「国際化を強ひることのない国際社会」といふやうなものは、いかにして可能なのでせうか？　一言で言へば、それは各々の国、各々の民族からの視点を大切にする、といふことにつきます。それも、いはゆる「民主主義」なるものが得意とするところの、各国、各民族に均質かつ均等の「一票」を分け与へてやる、などといふことではありません。お互が相互に、本当に相手の眼からこの世の中を眺めてみる。そしてそのそれぞれの相違といふものをハッキリと体験した上で、はじめて、そのどれもが活かせるやうなシステムを考へ始める、といふことであります。

何かまるであたり前の、あらためて言ふのも馬鹿馬鹿しいことに思へますが、実は、このあたり前のことが今まで一度も行はれないままで来た、といふことが問題なのです。最も「人道的」な、最も「全人類的」な仕方で国際社会が考へられた時でさへ、それどころか、そのやうな時に益々、このあたり前のことが見落とされてきた――いま、そのことを、国際法のごく初期の学者、フランシスコ・デ・ビトリアを例にあげてお話ししてみませう。

十五世紀の末スペインに生まれたこの大学者は、伊藤不二男博士の言葉をお借りすれば「〈全体世界〉を、異教徒をもふくめてすべての人間によつて構成された、真実の意味における普遍的人類社会とみ」、「すべての民族に共通に妥当し、真実の意味において全人類に普遍的に当てはまる法の存在を、はじめて説いた」(注19)ことによつて、国際法といふものの端緒を開いた、と言はれてをります。

実際、ビトリアの説く国際法の理論は、十八世紀の「ヨーロッパ公法」としての狭い国際法とは全く対照的に、異教、異文化の民族をもちやんとその視野の内に入れて考へてをり、しかも、二十世紀の今も一つのお手本となりうる位「対等」にそれを扱つてをります。今も写本の残る特別講義「インド人について」に於いて、彼は、インド人(アメリカ大陸のインディオ)も立派に理性を有し、自らの首長を選ぶ権利のあることを断言するなど、終始一貫してインド人の対等な権利を認めてゐます。(注20)

ところが、他ならぬその「対等な権利を認めること」それ自体に於いて、ビトリアは或る最も大切なことを見のがしてしまふのです。

たとへばビトリアは、スペイン人がインド人の地を旅行し、滞在し、そこで通商する権利を認められるのと完全に対等に、インド人にもスペインを旅行し、滞在し、通商を行ふ権利を認めます。そして、このやうな「交通の権利」及びそれに基づく「通商の権利」は「自然的理性がすべての民族の間に定めた」もつとも基本的な権原の第一（及び第二）である、とします。（注21）

この議論のもつ落とし穴は、一目でお解りになりませう。ここに認められてゐる「対等の権利」は、現実には全く一方的なものでしかありません。しつかりとした大きな船をもち、羅針盤をもち、何よりも、海を渡つて自分達本来の土地以上の地を求めようといふ欲求をもつた十六世紀のヨーロッパ人達にとつては、成程この権利は「自然的」なものであり、必要なものでもありませう。しかし、大洋を渡つて他の民族の地を大挙侵略する手段もなく、又その必要もない別の民族にとつては、それは「自然的理性によつて定められた」権原でも何でもない。むしろ逆に、彼らの自然的理性（勿論、このやうに言ふとき、すでにその意味は、ビトリアの言ふのとは異なる意味を帯びることになるのですが）に反するものでさへある。

このやうに、それぞれの民族にとつての「第一の権原」が、大幅に喰ひ違ふばかりでなく、互に激しくあひ対立しさへする——実は、この事実こそが「すべての民族の間に」定められるべき法といふものを考へる上で、是非とも解決しなければならない問題です。先程申しました「各民族の視点から考へる」といふことは、かういふ難問を含んでゐるのです。しかるにビトリアは、まさにその最も大切で最も難しい第一歩を無雑作に飛び越えたところから始めてしまつてゐます。これでは本当の「国＝際＝法」などといふものは考へられません。しかも、このビトリアが知らずに飛び越えてしまつた第一歩を、その後誰ひとりとして取り戻さうとしないままに「国際法」の歴史は進んできてしまつた。まさにそこに、**international** の原理上の狭さの源があつたとさへ言へるのです。

　このやうな見落としは、個人的な、あるいは偶然の不注意によるものではありません。先ほど伊藤博士の言葉にもあつたやうに、「普遍」といふ考へ方によつて、民族間の法といふものを考へ始めた——そこに、この人々がどうしても「各民族の視点から」といふ仕方で考へることのできなかつた理由があるのです。日本語で「普遍」と言ひますと、「万遍なくすべてに行き渡り、あてはまる」といつた意味のやうに思はれるのですが、実は「普遍《universum》」といふ概念は、その語源からして、「一斉にすべて或る方向に向けてしまふ」[注22]といふ意味をもつ、元来それ自体、きはめて「専制的」な言葉なのです。

したがつて、「全人類に普遍的に当てはまる法」といふものは、原理上、全人類の各民族が各々の視点を活かすべく相互調整するシステム、ではありえない。上から（あるいは右から、又は左から）一律に方向を定められ、全人類がそれに従ふしかないやうな法――それが「普遍的な法」といふことの意味であり、もしもこれまで国際法といふものが「普遍」の概念を抜きにして成り立たないものであつたとすれば、それは、これまでの国際法といふものが、そのやうな専制的な法としてしか存在したことがなかつた、といふことなのです。

ついでながら、このやうな「普遍」といふ独特の概念は、それ自体が一つの民族的文化の所産であり、先ほどお話しした「能動的主体」としての人間の在り方と深くかかはつてゐます。「能動的主体」の究極の夢は、全世界を自分の思ふ方向に一斉に向けてしまふこと、言ひ換へれば、自らの意志を「普遍」なる称号で飾ることだと言へる。ですから、「能動的主体」といふ基本性格から生み出された international なるネットワークが「普遍」といふ概念をその理論的な基盤とすることは、少しも偶然ではないのです。

　したがってまた、この「普遍」といふ思考パターンを「国際」の概念から切りはなすといふことは容易なことではありません。先ほど見たやうな international の苛酷に抗議し、「反帝国主義」「反植民地主義」を叫ぶ理論でさへもが、それ自身、同様に「普遍」の落とし穴につかまつてしまつてゐます。

「これまでのすべての社会の歴史は階級闘争の歴史である。[注23]（傍点引用者）」

といふ言葉ほど、この思想の限界をはつきりと示した言葉はありません。ここには「一斉にすべて或る方向に向けてしまふ」といふ「普遍《universum》」の、もつとも純粋でむき出しの姿がある、とさへ言ふことができませう。

　この「普遍」といふ考へ方がどれだけ深く近代ヨーロッパの文化の内に染みついてをり、又、我々の理窟立つたものの考へが、どれほど根本から近代ヨーロッパの借り物で成り立つてゐるかを反省してみると、一口に「それぞれの民族の視点から」を大切にする、などと言ふ、そのことがどれほど難しいかが解ります。まして、そのためのキチンとしたシステムを作り、それを理論づける、などといふことがいかに難しいか。今までにさういふものが現はれなかつたのも、決して不思議なことではないのです。

「新しい原理」

それでは、さういふ難しい課題に、いつたい我々はどう取組んだらよいのでせうか？　実は、そのときに参考になるのが、他ならぬあの我々の国民的標語、「国際化」なのです。

先ほども見た通り、この言葉は、これまでのところは、もつぱら今ある「国際社会」の狭さに対応し、それを糊塗するためにしか使はれて来ませんでした。この言葉の「国民的標語」であり、かつ「国民的標語」でしかないといふことが、我々の目から、同じことを強要されてゐる他の人々を覆ひかくし、更には、そもそもそれを強要してゐる「国際社会の狭さ」そのものをもかくしてきたのです。

冒頭に引用したエピソードのやうに、明らかに「国際化」といふ言葉の外にあるものが示唆されてゐる場合でさへも、あの筆者のごとくに、日本人はそこから目をそらしつづけます。ちやうど、欧米人達自身が「普遍」といふ言葉に目をくらまされて、自分達、及び自分達の造り上げたものの狭さに気が付かないでゐる、それと見事な照応をなして、その外にゐる日本人達の方は、（逆に自分達を狭いものと思ふことによつて）「国際社会」のもつ狭さから目をそむけるのです。そして、その時に用ゐられるのがこの「国際化」といふ言葉だつたのです。

　ところが、他ならぬこのやうな「国際化」といふ言葉の中にこそ、新しい原理があり、「普遍」に頼ることなく国際社会の新しいシステムを考へてゆくための手がかりがひそんでゐます。すなはち、「国際化」が、ただもつぱら既存の「国際社会」の先住者達にそひ従ふものであることを止めて、本当に、すべてのあらゆる民族、国家に向けられるやうになる時、それは「新しい原理」となりうるのです。

　実際に、すでにそのやうな動きの芽は生じてゐます。たとへば、或るプラント輸出会社の社長さんは、「国際化」といふ言葉についての、海外での自分なりの経験と解釈を語つて、「ただ、ポッともうけて帰ってくるのでは国際化じゃない」と言ひ、「イスラムという、途方もない広がりと奥行きをもった文化に敬意を表し、それを学びながら、そこにわれわれの技術を溶け込ませる努力を続けた（傍点引用者）。」それが「国際化」なのだと言ひます。(注24)

もちろん、現実にすべてがこの通りだつたのかと尋ねてみれば、それは会社の社長さんの、活字になるやうな話の、綺麗ごとに傾かない筈はないとも言へませう。「金もうけ」といふ本音のうらの、単なる「建前」を語つてゐるにすぎないと意地悪を言ふ人もありませう。けれども、そもそも「国際化」といふ言葉でもつてそのやうな「建前」を語りうるといふこと——そのことの内に「国際化」といふ言葉の新しい可能性を見てとることができるのです。

少なくとも、internationalize といふ英語をもつてしては、このやうな「建前」を語ることと自体が不可能であります。「国際化」には、internationalize とは全く違つた「行動哲学」とも言ふべきものが含まれてゐるのです。

先ほど「国際化」と internationalize といふ二つの言葉の「ずれ」を調べたとき、そこに明らかになつたのは、単なる意味の喰ひ違ひといつたものをこえた、いはば「構造上のずれ」とも言ふべきものでありました。すなはち、internationalize が自らの内に秩序の源を置き、他物をその秩序によつて整へる動きを示すものであるのに対して、「国際化」に於いては、秩序は常に自らの外にあります。「自らを他にそひ沿はせること」——それが日本語の「国際化」の内にあらはれた構造でありました。

ここには、二つの大切な要素が含まれてゐます。一つは、「他者それぞれのもつ原理」をそれと認識し、かつ尊重するといふこと。いま一つは、自己自身を常に柔軟に、かつ、何でも容れられる器のやうに空つぽに保つ、といふことであります。いづれも、近代ヨーロッパ的な「普遍」の考へ方や「能動的主体」の在り方とは根本から異なつてをります。これは全く「別の思想」なのです。

ですからこれを、同じ近代ヨーロッパの文化の中で生まれた、単なる「普遍主義」の裏返しにすぎない、「相対主義」などといふものと混同してはなりません。相対主義が必然的に混乱とアナーキズムとに人を導くのは、それが多くの原理、多くの価値を同時に認めるからではない。むしろ、認めるふりをして本当は認めないからなのです。相対主義は、決して「他人の選び取つたものの見方」を、自分のものの見方にまさつてゐると認めたり、それを積極的に学ぼうとしたりはいたしません。逆に、自分自身の狭いものの見方以外を学ばずにすませる口実として「相対主義」と称するにすぎないのです。

それとは全く逆に、この「国際化の思想」とは、果てることのない「学ぶこと」であり、絶えざる自己克服の道であります。まさしく道元の言ふ、

「身心に法いまだ参飽せざるには、法すでにたれりとおぼゆ。法もし身心に充足すれば、ひとかたはたらずとおぼゆるなり。……のこりの海徳山徳おほくきはまりなく、よもの世界あることをしるべし。(注25)」

といふ言葉こそは、その真髄を言ひ表はすものと言へませう。

しかし、「国際化の思想」が、そのやうに全く近代ヨーロッパの思想と無縁のものであるならば、尚のこと、欧米人達がそれを身につけるのは難しいことなのではないか、とも危惧されます。いま誰にもまさつてこの「国際化の思想」を身につけてもらはなければならないのは、我々ではない。かねてからの international のメムバーであつた欧米諸国です。先にも見た通り、「国際化」といふことは、すべての国々があらゆる国に対して行ふのでないかぎり、かへつて国際社会を歪めてしまふものとなるからです。しかし、ひとたび自分達の文化を「普遍的文明」と思ひ込んでしまつた人々に、「一方《ひとかた》は足らず」と自覚させるのは、どんなに難しいことでせうか。

しかも、その原理からして、「国際化」は決して他の国に強要することのできないものであります。他の国に、お前も「国際化」をせよ、と言つたとたんに、それは「国際化」ではなくて internationalize になつてしまふ。

だから、この「国際化」を、本当に国際的に広めようといふことは、大変に難しい――ほとんど絶望的に難しい企てと言へます。よほど気永に、意を尽して説明しても、それで解つてもらへるとはかぎりません。このことの解りにくさは、まさに「原理的な」解りにくさなのです。

しかしそれでも、欧米人達の間に、この「国際化」といふことの内に、何か新しい、来たるべき時代を動かすやうな「原理」(又は、彼等にとつては「原理ならざる原理」)がひそんでゐるらしいといふことを、うすうす感じ取る人々が現はれ始めてゐます。

たとへば或る人は、

隣人から学ぶことの価値を、歴史は教えてくれる。……コクサイカは進歩、成長を続けていくには絶対欠かせないもので、国際化こそテレクトロニク世界の第一の特徴といえる。(注26)

と語つてゐます。

これは、まだまだコクサイカを功利主義の文脈に於いて受け取つてゐるにすぎないものとは言へ、とにもかくにも、この世の中に、internationalize ではない、コクサイカといふもののあることに気付いてくれたといふこと自体が、たいへんに大きなことだと言へませう。

考へてみれば、或る意味では、近代ヨーロッパ人達は、五百年間にわたつてイスラム世界に学ぶことによつて自らを築き上げてきた人達であります。「他人に学ぶ」といふことの出来ない人達ではない。ただ、自分よりも力の弱い者達からも学ぶ、といふことさへ身につけてくれるならば、欧米人達にとつてもコクサイカは充分に可能なのです。

要するに、コクサイカとは決して難しいことではない。自分はただ、この小さな体のこの二つの眼《まなこ》から世界を眺めてゐるにすぎず、この世界には無限の「ものの見方」の可能性があるのだといふ事実を、謙虚に受けとめるところから出発するものなのです。

日本の新聞や雑誌や、その他ありとあらゆるものが日々、ことごとに叫ぶ通り、「国際化は二十一世紀に向けてのもつとも重要な課題」であります。しかし、それはただ、我々の国民的標語としてのみさうであつてはならない。それはまさに「国際的標語」として——国際社会それ自体の国際化として——叫ばれ、高々と掲げられなければならないのです。

注1　「国際化について」村上泰亮　「中央公論」昭和五十九年十一月号

注2　おそらく現実には、「国際化」は直接に internationalize の訳語であるといふよりは、「国際」に「化」が加へられて造語されたものと思はれます。「ずれ」の生じた原因も、おそらくそのあたりにあつたと考へて、間違ひありますまい。

注3　The Universal English Dictionary（1932）

注4　New English Dictionary

注5　日本国語大辞典（小学館）

注6　New English Dictionary

注7　同右

注8　同右

注9　「アフリカ人の生活と伝統」三省堂、阿部年晴著より

注10　「黒いアフリカ」聖文社、北沢洋子著より

注11　Jeremy Bentham: Introduction to the Principles of Morals and Legislation.（1789）第八章

注12　ただしローマ法では、国際公法にあたるものとして、フェティアーレ法といふものが存在してゐたと言はれます。

注13　「J・J・モーゼルの研究」吾郷真一「国際法政研究」16巻　昭和四十九年十月

注14　あるカナダ人は「国際化とは不思議な言葉だ。英語にはない」と言つてゐたと言ひます。冒頭のエピソードも、半ばは、彼等にとつてすでに「死語」となつてしまつた言葉を日本人がかくも盛んに使つてゐることへの驚きであつたと言へませう。

注15　以上、また以下のトルコに関する記述については「ケマル・パシャ伝」新潮社、大島直政著を参照させていただきました。

注16　ケマル・パシャが日本の明治維新について深く研究してゐたことは、よく知られてゐます。明治維新が彼の改革の一つの手本となつたであらうことは、充分に想像されます。

注17　「国際法」岩波全書、田畑茂二郎著より

注18　「国際法」有信堂、田畑茂二郎、石本泰雄編

注19　「ビトリアの国際法理論」有斐閣、伊藤不二男著

注20　同右

注21　同右

注22　Dictionnaire Étymologique de la Langue Latine.（éditions Klincksieck）

注23　「共産党宣言」より

注24　サンケイ新聞、昭和六十年四月「進路をきく」にての千代田化工建設社長（当時）玉置正和氏の談話による。

注25　「正法眼蔵・正法眼蔵随聞記」岩波書店、日本古典文学大系「現成公按」より

注26　日本経済新聞、昭和六十年六月十一日「経済教室」ジョン・C・ペリー氏の論文より

尚、この原稿の執筆にあたりまして、吾郷真一氏、柳原正治氏より、貴重な資料及び御助言をいただきましたことを深く感謝いたします（資料、御助言の不適切な解釈は、すべて著者の責任であります）。

あとがき

ここに載せました五編の小論は、いづれいつか他人《ひとさま》に読んでいただけることになるかどうかも解らずに書いたものがほとんどで、ぽつりぽつりと書きためてゐたときのあの孤独な楽しい時間を思ひ出しますと、それが本になつたなどといふことが夢のやうでございます。書く時には自分ひとりで書いたやうに思へたものが、あらためてふり返つてみますと、驚くほど多くの方々のおかげで出来上つたものであることが思ひ出されます。幼い子供達の面倒を見て下さつた花井登喜代さん。もう少し大きくなつた子供達と遊んで下さつた南由子さん、渋沢京子さん、斎藤真理子さん。また、はじめの原稿に根気よくダメを出すことによつて、「練り直す」といふ大事な作業を助けて下さつた高橋善郎さん、斎藤禎さん。全部をこのやうな形にまとめることを引き受けて下さつた、中央公論社の山形真功さん、平林孝さん。そして（文中には敢へてお名前を出さなかつた方々を含めて）様々の素人臭い質問に親切に御教示下さつた方々、――かうした方々のおかげで、やうやく、この小さな一冊の本は出来上つたのであります。ここに深く感謝の意を捧げたく存じます。

昭和六十一年春

著　者

掲載誌一覧（原題）

からごころ——日本文化を防衛した「仮名」の発明　『諸君！』　昭和五十九年十二月号
『細雪』とやまとごころ　『海』　昭和五十六年二月号
『黒い雨』——蒙古高句麗の雲　書下し
戦後世代にとつての大東亜戦争　『中央公論』　昭和五十八年四月号
「国際化」という言葉を再考する　『諸君！』　昭和六十年十二月号

解　説

小川榮太郎

ある日、一冊のささやかな本が私の前に現れた。

平成改元から程ない頃の事だつたと思ふ。当時私はまだ学生、濫読盛りの年頃の事とて、その日も大学をサボり、行き付けの喫茶店で日がな一日本を読んだり友人たちと議論をした後、古書肆や本屋をぶらつきながら、私はその本と出会つたのだつた。その時の事ははつきり覚えてゐる。ぱつと開いた頁に見つけたこんな一節が私を異様に興奮させたからだ。

小林氏がこころざしたのは、ただ、本居宣長を、出来るかぎりこまやかに、なぞつて繰り返さうといふことであつた。

このやり方を見て嘲笑《わら》ふ人もある。今日の学者や批評家は、「まなぶ」といふことがもともと「なぞつて繰り返す」ことであつたのを忘れてゐて、それを何かひどく単純でつまらぬことのやうに思ふのである。しかし、「なぞつて繰り返す」といふことは、本来、ただ複写機《コピー》のボタンを押して紙の出て来るのを待つやうなことではない。「解釈」といふことの内にすでにひそむ我執を、洗つて洗つて洗ひつくして、自分が何の変哲もないただの板切れ一枚になつたとき、突如それを共鳴板として「宣長の肉声」が響き出す——さうなつたときがおそらく、小林秀雄氏の『本居宣長』を書き始めたときであつたらう。（三二頁）

今ではもう誰も忘れてしまつたやうだが、当時日本の思想界はポストモダン全盛期、デリダやフーコーの「複写機」になつて、それが「普遍性」だと勘違ひしてゐる人達ばかりが闊歩してゐた頃だ。まさに本書に言ふ「からごころ」の典型である。語彙こそ難解だが、よく読めば、全く自分で物を考へてゐない平板極まる文章の数々に、私は心底うんざりしてゐた。勿論、小林秀雄は、偶像破壊のいいカモだつたのである。さうした時代思潮の中、小林の方法をこんなにも的確な球筋で指摘できる若い著者に出会つた私が、どれ程驚き、喜んだ事か。

この第一印象は、通読しても全く裏切られなかつた。それどころか、全編心底に届く言葉、言葉、言葉だつたと言つていい。全く珍しい事なのだが、私はすぐさま著者に手紙を出した。その頃の私は、昭和戦前の文士を気取つて無頼のやうな日々を送つてゐたが、大学を出て街にそのまま飛び出す程の勇気はなく、大学院に入ることで、無頼生活を続けようと横着な事を考へてゐた。あらう事か、私は、たつた一冊読んだだけで、私の専門と関係のないこの著者こそ院での我が師と勝手に思ひ定め、これから試験を受けて是非先生の教へを乞ひたいと書いたのである。

著者からは丁寧な返事がすぐにきた。「生きてゐる師を求めるな。死んでしまつた師の中にしか本物はゐない。生きてゐる者に求めるべきは、寧ろ、切磋琢磨する友であつて、師ではない。」と書いてあつた。原理的な人生論の直球勝負。……

言ふまでもなく、この著者が長谷川三千子氏であり、私が出会つた書物こそが、本書『からごころ』である。本書に収められた論考はいづれも長谷川氏三十代後半の仕事、今回文庫化に際しても、一切修正は加へられてゐないと聞く。改めて再読して、驚かざるを得ない。問ひや論旨の鮮烈さは若き俊秀らしいと言ひもできよう。が、文体全体を静かに包み込むこの成熟は一体何なのか。処女作に、作者の全てが現れるといふ言ひ方があるが、ここにあるのは、長谷川氏の後年の思想的な展開の可能性ではなく、寧ろ、既に、完璧な問ひを最も完全な姿で出すことに最初の著書で成功してしまつた、若さの奇跡である。

＊

本書の最も重要な論考が冒頭の「からごころ」であるのは、言ふまでもない。が、どう重要なのかを合点するのは存外難しい。長谷川氏は、この論考で、本居宣長の「からごころ」論を引用し、それを読み解く小林秀雄の文体をなぞりながら、宣長の「からごころ」論と小林の読みの交点を、古代日本の言語経験としての訓読に見出してゐる。その辺りから、訓読の構造を丁寧に解きほぐしつつ、それと背中合はせとなる仮名文字の発明の意義を明らかにしてゆくくだりは、本書の中でも、とりわけ鮮やかな箇所で、私が、今更のやうにここで解説を加へるまでもない。が、以上の議論から氏が辿り着いた先はどうだらう。

「無視の構造」は、たしかに日本文化の根本構造であり、もつともすぐれた特質をなしてゐるものである。けれども、そこには底知れぬ「おぞましさ」が、ぴつたりと背中合はせになつて張りついてゐる。（略）それは、自らでないものを自らと取り違へて生きることの醜さ、とでも言ふべきものであり、ひとたびそれに気付いてしまつたらば、二度とその中で息をするに耐へない類の醜さなのである。（六七～八頁）

つまり、氏が辿り着いた場所は、訓読や仮名文字といふ、日本を日本たらしめる上で最も決定的な民族固有の発明が、同時に、日本人が日本人であることを喪失してしまふ「からごころ」の、構造的な源でもあるといふ結論だつた。

これ以上ない程鮮やかな結論だ。が、同時に、絶望的な結論でもある。最も優れた固有の特質がそのまま同時に二度と息ができない程のおぞましさでもあるとすれば、我々は、我々自身を本当に失ふ事によつてしか、そこから脱却できないといふことになるからである。

そして、恐らく、だからこそ、日本人は長い歴史を通じ、日本人であることを忘却して生きてきたのである。その日その時に美であると信じ、普遍的価値だと信じたものに疑ひもなく自己を重ね合はせ、そのあり方を自ら問ふ事なく生きてきたのである。

するとどうであらう、後世から振り返れば、その、無意識の堆積とでも言ふべきものが、世界史でも類稀な、日本の伝統美といふタペストリーとなつて現出するではないか。ならば、それでよくはないのか。美徳と悪徳とがコインの表裏であるといふだけならば、それは、寧ろ、どんな民族や個人にも言へる事なのだから。——つまりかういふ事だ、実は我々が本当にここで出会ふ問ひは、寧ろ、何故、長谷川氏は、日本文化の中から、このやうな逆説をあへて取り出し、こだはらねばならなかつたのか、といふ事の方なのである

そして、勿論、氏はその理由をはつきりと書いてくれてゐる。

たとへば今、「日本国憲法」の内にあるおぞましさなどといふものは、人の目に露はになつてはゐない。（略）けれども、いづれ何時かは、この憲法全体を貫く精神のおぞましさ、或はむしろ、全体を貫く精神の無いことのおぞましさが、人の心を蝕み始める時が来る。その時に如何《どう》したらよいのか、その時我々は如何《どう》生きたらよいのか——我々にはまだ全くその備へが出来てゐない。考へれば身の毛がよだつほど全く出来てゐないのである。（六九頁）

小林や宣長を杖にして日本精神の逆説を明らかにする知的営みの前に、長谷川氏には、自身が生れ育つた戦後日本への強い違和感があつた。「人の目に露はになつてはゐない」内から、氏はそれを感じ続けてゐた。氏の営みは、そこから出発したのである。だからこそ、氏は小林が宣長の「からごころ」を引用するに当つて、最初と二度目とで全く違ふ印象を語つてゐる事を発見できたのである。氏自身が本当に何かに引つ掛かつてゐる、だから小林の引つ掛かりが、氏にも見えたのだ。かうして氏は、小林が宣長を通じて垣間見た古代日本の言語経験の問題に出会ふ事が出来、日本文化についての極めて独創的な知見に到達し得た。だからそれは日本論といふフィールドでの、知的レジャーの一例とは全く異なる。古代日本人の言語経験の独創性が、氏の中で形をとつて鳴り響くのと、戦後のおぞましさの正体がありありと氏に見えてくるのとは、同じ事柄の表裏だつた筈なのだ。

従つて、逆に、今引用したやうな日本国憲法批判が、一般に氏もそこに属すると見なされてゐる政治的な保守派、右派知識人らによる戦後レジーム批判の多くとは、似て非なるものだといふ事にも注意を促したい。保守派の戦後批判は、基本的に、東京裁判史観、日本国憲法などへの外在物批判の形を取るが、本書での長谷川氏は、「おぞましさ」のさうした外在的な原因ではなく、それを生み出してしまふ日本人側の精神のありやうを問題にしてゐるからだ。

その意味で、「いづれ何時かは、この憲法全体を貫く精神のおぞましさ、或はむしろ、全体を貫く精神の無いことのおぞましさが、人の心を蝕み始める時が来る。」といふ予言は、から読み直さねばならないだらう、GHQ政策や戦後イデオロギー批判を幾ら繰り返しても、「全体を貫く精神」を取り戻さない限り、「おぞましさ」から我々を救ふ事にはならない、我々は一体いつになつたらそれを始めるつもりなのか、と。

＊

紙幅が尽きたので、以下、駆け足で、解説子として最低限の任を果たしておく。前半の「やまとごころと『細雪』」、「『黒い雨』——蒙古高句麗の雲」は、文藝評論としても一級の仕事で、読書人をして、長谷川氏に以後この分野の仕事のない事を惜しませるに足る。しかし、これらの作を貫く通奏低音は、「からごころ」同様、戦後の

「おぞましさ」への違和感であり、問題意識の射程は完全に重なると言つていい。その意味で、より今日的に注目に値するのは、後半の二つ、「大東亜戦争「否定」論」と「「国際社会」の国際化のために」であらう。これらの論考は、単なる戦後批判ではなく、寧ろその先、つまり日本精神の逆説を肯定的に発露させる可能性を論じてゐるからだ。これらは「全体を貫く精神」を取り戻す為に、氏が一歩踏み出した試論として、依然新しさを失つてゐない。

私は、長谷川氏に「生きてゐる師を求めるな」と窘められたエピソードから稿を起した。再び、この言葉に戻つて解説を閉ぢるとすれば、読者よ、本書に答へを求めるな、といふ事にならうか。本書を、氏の一見読み易い文体に騙されず、鮮烈な答へに満足する事なく、氏の問ひの異様な鋭敏さに身を重ねて再読三読してみよう。読者は、随所に、今尚誰も答へに近づけてさへゐない様々な問題を見出して驚くに違ひない。

その時、初めて、この小さな著書は、読者の精神の中で起爆する事になるであらう。

（おがわ　えいたろう／文藝評論家）

『からごころ――日本精神の逆説』　一九八六年六月　中央公論社刊

中公文庫

からごころ
——日本精神《にほんせいしん》の逆説《ぎゃくせつ》

2014年6月25日　初版発行

著　者　長谷川《はせがわ》三千子《みちこ》

発行者　小林敬和

発行所　中央公論新社
〒104-8320　東京都中央区京橋2-8-7
電話　販売 03-3563-1431　編集 03-3563-2039
URL http://www.chuko.co.jp/

DTP　柳田麻里
印　刷　三晃印刷
製　本　小泉製本

Published by CHUOKORON-SHINSHA, INC.
Printed in Japan　ISBN978-4-12-205964-1 C1195

中公文庫既刊より

各書目の下段の数字はISBNコードです。978－4－12が省略してあります。

は-57-1
バベルの謎 ヤハウィストの冒険
長谷川三千子
旧約聖書「創世記」の徹底的な読み直しは大胆きわまりない精神の展開の軌跡を明らかにする。おなじみの物語のラディカルな解読。和辻哲郎文化賞受賞作。
204840-9

あ-1-1
アーロン収容所
会田雄次
ビルマ英軍収容所に強制労働の日々を送った歴史家の鋭利な観察と筆。西欧観を一変させ、今日の日本人論ブームを誘発させた名著。〈解説〉村上兵衛
200046-9

あ-1-5
敗者の条件
会田雄次
『アーロン収容所』で知られる西洋史家が専門のルネサンス史の視点からヨーロッパ流の熾烈な競争原理が支配した戦国武将の世界を描く。〈解説〉山崎正和
204818-8

あ-3-4
石原莞爾
青江舜二郎
満州事変の首謀者、世界最終戦争の予言者、東条の弾劾者。熱烈な法華信仰に生き世界史の行く末を見据えた一理想主義者の生涯。〈解説〉村松　剛
201920-1

あ-5-3
「日本文化論」の変容 戦後日本の文化とアイデンティティー
青木　保
「日本独自性神話」をもつくり出した、その論議の移り変わりを、戦後の流れのなかで把えなおした力作。吉野作造賞を受賞したロングセラーの文庫化。
203399-3

い-61-2
最終戦争論
石原莞爾
戦争術発達の極点に絶対平和が到来する。戦史研究と日蓮信仰を背景にした石原莞爾の特異な予見は、日本を満州事変へと駆り立てた。〈解説〉松本健一
203898-1

い-61-3
戦争史大観
石原莞爾
使命感過多なナショナリストの魂と冷徹なリアリストの眼をもつ石原莞爾。真骨頂を示す軍事学論・戦争史観・思索史的自叙伝を収録。〈解説〉佐高　信
204013-7

お-41-2
死者の書・身毒丸《しんとくまる》
折口信夫

古墳の闇から復活した大津皇子の魂と藤原郎女との交感を描く名作と「山越しの阿弥陀像の画因」。高安長者伝説から起草した「身毒丸」。〈解説〉川村二郎

203442-6

お-41-3
言語情調論
折口信夫

和歌言語の真相に迫った、折口の若き日々の思索をまとめた書。音と調べからやまとことばの本質を捉えようとする姿勢は比肩するものがない。〈解説〉岡野弘彦

204423-4

き-13-2
秘録 東京裁判
清瀬一郎

弁護団の中心人物であった著者が、文明の名のもとに行われた戦争裁判の実態を活写する迫真のドキュメント。ポツダム宣言と玉音放送の全文を収録。

204062-5

こ-8-1
太平洋戦争（上）
児島襄

二五〇万人が命を失って敗れた太平洋戦争とは何であったのか？　旧戦場を隈なく訪ね渉猟した内外資料を突き合せて戦争の赤裸々な姿を再現する。

200104-6

こ-8-2
太平洋戦争（下）
児島襄

米軍の反攻が本格化し日本軍の退勢が明らかになる昭和十八年以降を描く。軍上層部は何を企図していたのか。毎日出版文化賞受賞。〈解説〉佐伯彰一

200117-6

こ-8-17
東京裁判（上）
児島襄

昭和二十一年五月三日、二年余、三七〇回に及ぶ極東国際軍事裁判は開廷した。厖大な資料と、関係諸国・関係者への取材で、劇的全容を解明する。

204837-9

こ-8-18
東京裁判（下）
児島襄

七人の絞首刑を含む被告二十五人全員有罪という苛酷な判決。「文明」の名によって戦争を裁いた東京裁判とは何であったのか。〈解説〉日暮吉延

204838-6

し-45-2
昭和の動乱（上）
重光葵

重光葵元外相が巣鴨獄中で書いた、貴重な昭和の外交記録である。上巻は満州事変から宇垣内閣が流産するまでの経緯を世界的視野に立って描く。

203918-6

各書目の下段の数字はISBNコードです。978－4－12が省略してあります。

し-45-3
昭和の動乱（下）　重光 葵
重光葵元外相は巣鴨に於いて新たに取材をし、この記録を書いた。下巻は終戦工作からポツダム宣言受諾、降伏文書調印に至るまでを描く。〈解説〉牛村 圭
203919-3

そ-2-3
マッカーサーの二千日　袖井林二郎
占領下日本に君臨した一将軍の謎に満ちた個性と支配の構造を新資料で解明し、戦後史に新しい光を当てた力作。毎日出版文化賞受賞。新世紀版あとがきを付す。
204397-8

た-30-13
細 雪（全）　谷崎潤一郎
大阪船場の旧家蒔岡家の美しい四姉妹を優雅な風俗・行事とともに描く。女性への永遠の願いを〝雪子〟に託す谷崎文学の代表作。〈解説〉田辺聖子
200991-2

に-5-3
保守思想のための39章　西部 邁《すすむ》
歴史の知恵が凝縮した「保守」という考えを、未来が不確実になった危機の時代にあって明晰に捉えた、入門書にして思想の深奥にまで触れた名著。〈解説〉柴山桂太
205735-7

に-5-4
福澤諭吉 その報国心と武士道　西部 邁
歴史の転換点に立ち、日本と西洋双方の臨界を見極めつつ、精神の平衡をとり続けた思想家像を描出。福澤理解に新たな地平をひらいた力作。〈解説〉中野剛志
205799-9

に-5-5
虚無の構造　西部 邁
精神の奥底に巣くうニヒリズムの内実を浩瀚な思想から捉えた本書は、同時に、頽落の生と訣別するための実践知に満ちた高峰である。〈解説〉澤村修治
205830-9

に-16-1
國破れてマッカーサー　西 鋭夫
永久平和と民主主義なる甘い言葉と引き換えに日本人の「誇り」を扼殺し、憲法第九条の中に埋葬したマ元帥。その占領政策を米側の極秘資料を駆使して解明。
204556-9

み-39-1
哲学ノート　三木 清
伝統とは？　知性とは？　天才とは何者か？　指導者はどうあるべきか？　戦時下、ヒューマニズムを追求した孤高の哲学者の叫びが甦る。〈解説〉長山靖生
205309-0